"十四五"普通高等教育本科精品系列教材

统计学实训教程

▶ 主　编◎李康荣　　张　谦
▶ 副主编◎陈晓红　　吕　玲

西南财经大学出版社

中国·成都

图书在版编目(CIP)数据

统计学实训教程/李康荣,张谦主编;陈晓红,吕玲副主编.—成都:西南财经大学出版社,2023.11
ISBN 978-7-5504-6000-3

Ⅰ.①统… Ⅱ.①李…②张…③陈…④吕… Ⅲ.①统计学—教材
Ⅳ.①C8

中国国家版本馆 CIP 数据核字(2023)第 214203 号

统计学实训教程

TONGJIXUE SHIXUN JIAOCHENG

主　编　李康荣　张谦

副主编　陈晓红　吕玲

策划编辑:王琳
责任编辑:向小英
责任校对:杜显钰
封面设计:墨创文化　张姗姗
责任印制:朱曼丽

出版发行	西南财经大学出版社(四川省成都市光华村街 55 号)
网　　址	http://cbs.swufe.edu.cn
电子邮件	bookcj@swufe.edu.cn
邮政编码	610074
电　　话	028-87353785
照　　排	四川胜翔数码印务设计有限公司
印　　刷	郫县犀浦印刷厂
成品尺寸	185mm×260mm
印　　张	8.75
字　　数	202 千字
版　　次	2023 年 11 月第 1 版
印　　次	2023 年 11 月第 1 次印刷
印　　数	1—2000 册
书　　号	ISBN 978-7-5504-6000-3
定　　价	29.80 元

▶▶ 前言

党的二十大报告明确指出：我们要坚持教育优先发展、科技自立自强、人才引领驱动，加快建设教育强国、科技强国、人才强国，坚持为党育人、为国育才，全面提高人才自主培养质量，着力造就拔尖创新人才，聚天下英才而用之。尤其强调要深化教育领域综合改革，加强教材建设和管理。在此背景下，我们根据多年统计学教学经验和积累编写了这本实训教程。统计学的应用十分广泛，涉及国民经济的各个领域。统计学不仅理论性强，对实践性的要求也很高，要求学生具备扎实的基础统计知识，也需要学生掌握一定的操作技能。

本书以 Microsoft Excel 2010 为工具，介绍了高级进阶操作、描述统计分析、区间估计、假设检验、方差分析、相关分析、回归分析、时间序列分析和指数分析等内容。本书每一项内容都和我们的日常生活息息相关，因此适合于大多数专业的本科生，尤其是适合于没有大型统计软件操作环境的学生。

教材的价值在于对使用者有帮助，让使用者能够从中受益。本书具有以下三个特点：

（1）案例式讲解。为了便于教学，本书每章都通过案例深入浅出地讲解，以问题解决为导向、步骤操作为主线，解决每个问题时都采用了两种以上的操作方法。

（2）连贯性学习。在板块设计方面，本书既有描述统计又有推断统计，既有简单的基础操作又有难度较大的复杂应用。

（3）便利性操作。在统计分析方面，本书既用到了表达工具、逻辑工具又用到了数理工具。本书力图通过现实案例，对工具进行归纳取舍，从而达到得心应手的效果；尽量少讲理论，多做实务，努力做到利用便利的操作方法解决复杂的问题。

此外，本书为了尊重 Excel 操作习惯，在数字表达、公式处理方面完全按照 Excel 方式输入，未对数字进行分节处理。

本书得到课题组成员张谦、陈晓红、吕玲的大力支持。在此表示最真诚的谢意！本书的出版得到四川师范大学经济与管理学院的全方位支持，特别感谢！

由于本人水平有限，时间仓促，不足之处在所难免，敬请读者不吝赐教、批评指正。

李康荣

2023 年 6 月

▶▶ 目录

1

Excel 统计基础知识

统计学是一门实践性很强的课程，既包括了基本方法和基本原理，也包括了统计实验操作。统计类软件工具很多，包括 SAS、SPSS、Excel、S-plus、Minitab、Statistical、Eviews 等。在众多的统计分析工具中，Excel 几乎没有技术门槛，无须复杂的代码，支持多种类型的图表，容易实现数据分析、图表可视化和交互对话。它不仅具备强大的数据组织、计算、分析和统计功能，而且可以方便地与 Office 其他软件互相调用数据，并能通过 Internet 功能实现资源共享、数据互通。

本书将以 Microsoft Excel 2010 为基础，分析其在统计中的诸多应用。

1.1 Excel 的基本概念

Excel 的基本对象主要有工作簿、工作表、单元格和区域。

1.1.1 工作簿

Excel 工作簿是计算和存储数据的文件，每一个工作簿都可以包含多张工作表，可以在单个文件中管理各种类型的相关信息。Excel 2010 工作簿的扩展名是.xlsx。

1.1.2 工作表

工作表是显示在工作簿窗口中的表格，工作簿中的每一张表格都称为工作表。工作簿如同活页夹，工作表如同其中的一张张活页纸。一个工作表可以由 1048576 行和 256 列构成，行的编号从 1 到 1048576，列的编号依次用字母 A，B ……IV 表示，行号显示在工作簿窗口的左边，列号显示在工作簿窗口的上边。

Excel 默认一个工作簿有 3 个工作表（新版本有 1 个），用户可以根据需要添加工作表，但每一个工作簿中的工作表个数受可用内存的限制，当前的主流配置已经能轻松建立超过 255 个工作表了。

工作表是 Excel 存储和处理数据的最重要部分，其中包含排列成行和列的单元格。每个工作表有一个名字，工作表名显示在工作表标签上。工作表标签显示了系统默认的工作表名如 Sheet1，其中白色工作表标签表示活动工作表。单击某个工作表标签，用户可以选择该工作表为活动工作表。

用户使用工作表可以对数据进行组织和分析，可以同时在多张工作表上输入并编辑数据，可以对来自不同工作表的数据进行汇总计算。在创建图表之后，既可以将其放置在源数据所在的工作表上，也可以将其放置在单独的工作表上。

1.1.3 单元格

单元格又称电子表格，是组成表格的最小单位，可拆分或者合并。单个数据的输入和修改都是在单元格中进行的，是工作簿的基本对象的核心，也是最小的数据单位。在 Excel 中，单元格的长度、宽度和字符串的类型可以根据需要进行改变。

单元格一般通过位置标识，每一个单元格可以根据其所在的行号和列号唯一定位。单元格的内容通过其标识使用，一般有绝对引用、相对引用和混合引用三种方式。

1.1.4 区域

区域是 Excel 中的工作范围，既可以是一组选定的单元格，也可以是连续的或离散的，但如果是连续区域则必须是一个规则的矩形。区域可大可小，一个特定的单元格可以被认为是一个特殊的区域，整个工作表或整个工作簿也可以被认为是一个区域。

1.2 Excel 的基本操作

Excel 是操作性较强的应用软件，用户需要熟悉特定对象的基本操作技巧。

1.2.1 工作簿的操作

工作簿的操作包括创建、打开和保存。

1.2.1.1 创建工作簿

方法 1：启动 Excel，自动创建一个空白工作簿，如图 1.1 所示。

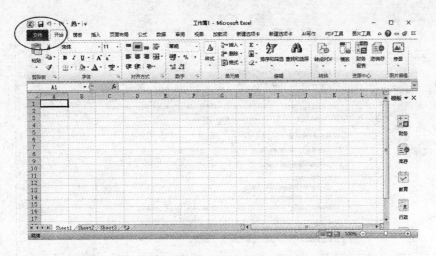

图 1.1　启动 Excel

方法 2：使用"新建"按钮或者使用文件→新建，选择模板，如图 1.2 所示。

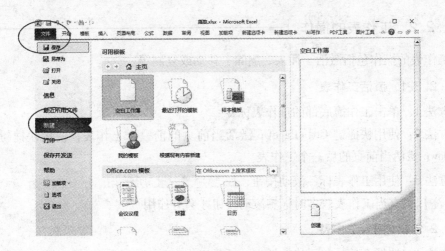

图 1.2　利用模板新建文件

方法 3：使用快捷键 Ctrl+N。

1.2.1.2　打开工作簿

方法 1：双击 Excel 工作簿中的文件自动打开。

方法 2：使用文件→打开，完成对话框即可。

方法 3：使用快捷键 Ctrl+O。

1.2.1.3　保存工作簿

方法 1：使用文件→保存（或另存为）。

方法 2：使用快捷键 Ctrl+S。

方法 3：自动定时保存。使用文件→选项→保存选项卡，设置自动定时保存相关信息，如图 1.3 所示。

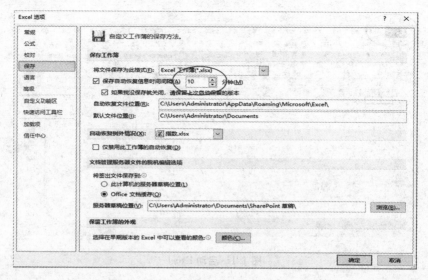

图 1.3　自动定时保存设置

1.2.2　工作表的操作

工作表的操作包括激活、插入、删除、移动或复制等。

1.2.2.1　激活工作表

方法 1：单击工作簿底部的工作表标签。

方法 2：使用快捷键 Ctrl+PageUp 激活当前页的前一个工作表，使用快捷键 Ctrl+PageDown 激活当前页的后一个工作表。

方法 3：使用工作表标签滚动按钮，如 |◀ ◀ ▶ ▶| 所示。

【注】只有当工作表较多时标签滚动按钮才会有作用。

1.2.2.2　插入工作表

方法 1：选择开始→单元格→插入→插入工作表。

方法 2：选择工作表，单击插入工作表按钮，如 Sheet1　Sheet2　Sheet3　 所示。

方法 3：使用快捷键 Shift+F11。

1.2.2.3　删除工作表

方法 1：选择开始→单元格→删除→删除工作表。

方法 2：使用右键快捷菜单选择删除命令。

1.2.2.4　移动或复制工作表

方法 1：使用右键快捷菜单移动或复制，右击快捷菜单，选择"移动或复制工作表"，设置对话框。

方法 2：使用鼠标拖曳到指定位置，然后释放鼠标。拖动时按住 Ctrl 键就是复制。

【注】若在不同工作簿之间移动工作表且出现同名时，Excel 将自动改变此工作表的名称并使之变为唯一的名称。

1.2.2.5 重命名工作表

方法1：选择开始→单元格→格式→重命名工作表。

方法2：使用右键快捷菜单选择重命名。

方法3：双击工作表标签，工作表标签变成黑色后，输入新工作表名即可。

1.2.2.6 隐藏和显示工作表

隐藏工作表一方面可以避免别人看到自己的敏感信息，另一方面可以减少屏幕上显示的窗口和工作表，避免对数据的误操作。当一个工作表被隐藏后，其标签也被隐藏起来。隐藏的工作表仍处于打开状态，其他文档仍可以使用其中的数据信息。不能将一个工作簿的全部工作表都隐藏，至少要有一个可见工作表。

方法：使用右键快捷菜单选择"隐藏"即可。如果有隐藏工作表则右键快捷菜单会出现"取消隐藏"菜单，点击即可打开对话框，设置对话框即可取消隐藏。

1.2.2.7 拆分和冻结工作表

用户使用 Excel 工作表的时候如果 Excel 的间距比较大、数据比较多，可以把 Excel 工作表的窗口进行拆分与冻结。拆分是将当前工作表活动窗口拆分成若干窗格，并在被拆分的窗格中都可以通过滚动条来显示工作表的每一个部分，从而达到在一个文档窗口查看工作表不同部分的内容。

冻结工作表窗口也是将当前活动窗口拆分，不同的是在冻结工作表窗口时，活动工作表的上方和左边窗格被冻结，就是在滚动时上方的单元格或左边的单元格不参与滚动。用户通常可以通过该操作来冻结行标题和列标题，然后通过滚动条来查看工作表的内容，使用冻结功能不影响打印。

方法：定位到拆分（冻结）单元格，选择视图→窗口→拆分（冻结窗格）命令。

取消：选择视图→窗口→拆分或者在分割线交叉处双击即可取消拆分，选择视图→窗口→冻结窗口→取消冻结窗格，即可撤销被冻结窗口，如图1.4所示。

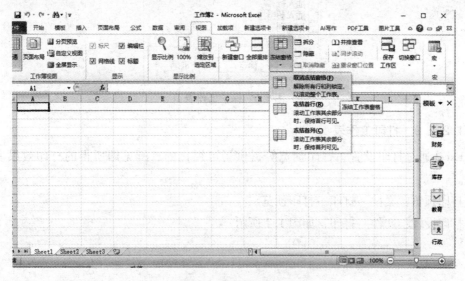

图1.4 取消冻结窗口

1.2.2.8 保护工作簿（表）

如果要防止误操作以对工作簿或工作表进行保护，用户可以使用 Excel 提供的保护功能。

工作簿保护：选择审阅→保护工作簿，打开对话框进行设置即可，如图 1.5 所示。

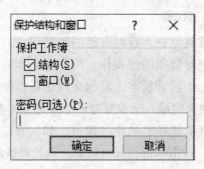

图 1.5　保护工作簿

工作表保护：选择审阅→保护工作表，打开对话框进行设置即可，如图 1.6 所示。其中，保护结构是指避免删除、移动、隐藏、取消隐藏、插入工作表或重命名等；保护窗口是指不让窗口被移动、缩放、隐藏、取消隐藏或关闭。

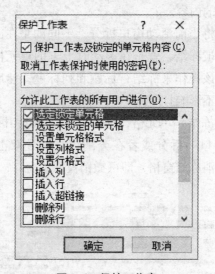

图 1.6　保护工作表

1.2.2.9 打印工作表

Excel 通过打印设置、打印预览等提供了可视化的、所见即所得的打印效果实用功能。

打印预览：文件→打印→打印预览。

打印设置：文件→打印，如图 1.7 所示。

统计学
实训教程

· 6 ·

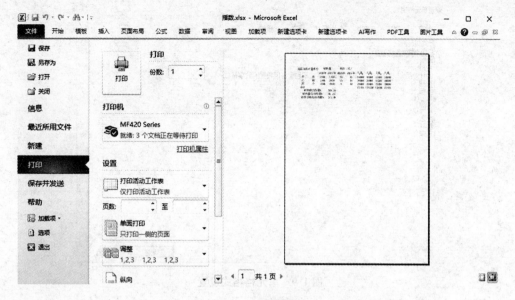

图 1.7　打印设置

设置页眉页脚：文件→打印→页面设置，打开对话框，如图 1.8 所示。

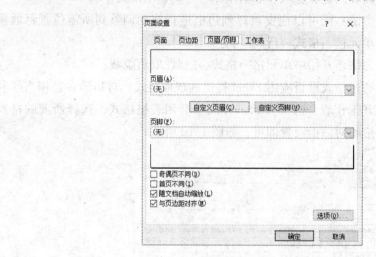

图 1.8　页眉设置

设置打印区域：选择区域→"页面设置"对话框→"工作表"选项卡，设置对话框即可。

1.2.3　单元格的操作

单元格是工作表的最小数据单元，不仅可以输入数据，也可以设置相关格式，包括字体、字号、颜色、对齐、边框、底纹等，从而更加有效地显示数据内容。

1.2.3.1　设置单元格格式

单元格格式设置包括数字类型、对齐方式、字体字号、边框、填充和保护等，具体对应数字、对齐、字体、边框、填充、保护六个选项卡，如图 1.9 所示。

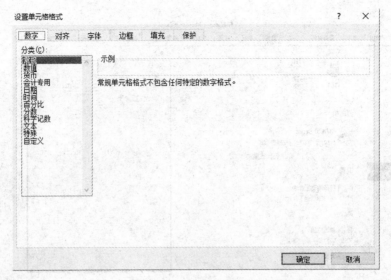

图 1.9　单元格格式设置

1.2.3.2　单元格格式化

格式化包括调整行高和列宽、隐藏和取消隐藏、自动套用格式等。

调整行高和列宽的方法：既可以拖曳鼠标到边框进行拖动调整到所需位置释放鼠标，也可以选择开始→单元格→格式→行高/列宽。

隐藏和取消隐藏的方法：开始→单元格→格式→隐藏/取消隐藏。

自动套用格式是指通过格式模板应用 Excel 提供的现成格式，对初学者是相当便利的。其操作方法是：打开工作表，选择开始→样式→套用表格格式，选择所需的格式模板及要套用的区域，进行对话框设置即可，如图 1.10 所示。

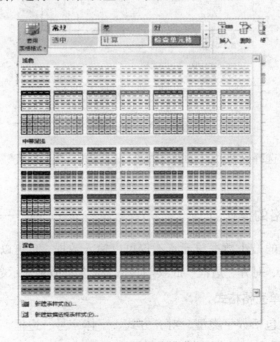

图 1.10　单元格格式化

1.2.3.3　条件格式

条件格式是 Excel 中十分强大的数据格式技能，能够对目标数据区域进行数据美化、突出显示数据及按照既定条件设定格式等，是提升 Excel 电子表格质量和个性的必备知识之一。用户可以通过开始→样式→条件格式打开下拉列表进行设置，如图 1.11 所示。

图 1.11　条件格式设置

通过条件格式，用户可以设置数据条、色阶、图标集，可以突出显示重复值或者满足某些条件的单元格，可以填充某些特殊数值的单元格，可以对符合条件的单元格进行自动边框填充，可以设置不同行列填充的效果，可以进行数据验证设置，可以在工作中制作甘特图、旋风图，等等。通过条件格式设置，用户可以制作出个性鲜明、表达独特的电子表格，不仅给人赏心悦目的感受，也能提高工作效率、减少工作失误。

1.2.3.4　使用样式

Excel 不仅提供了自带格式的表格模板，还可以根据自己的需要将数字、对齐、字体、边框、图案和保护等格式设置成自己可以命名的样式，做到一劳永逸，实现一次设置、多次使用。

新建样式：开始→样式→单元格样式→新建单元格样式，打开对话框进行设置，如图 1.12 所示。点击 格式(O)... 按钮后可以逐项设置。

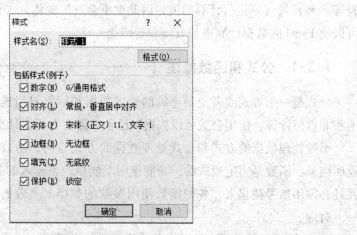

图 1.12　样式设置

使用样式：选择开始→样式→单元格样式命令，即可使用样式功能。

合并样式：如果需要把一个已经设置样式的工作簿应用于另一个工作簿，可以使用样式合并功能。其基本操作步骤如下：打开设置好样式的工作簿和要并入样式的工作簿（目标工作簿），在目标工作簿选择开始→样式→单元格样式→合并样式命令，在合并样式对话框选择合并样式来源即可，如图 1.13 所示。

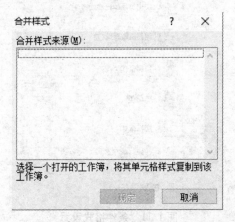

图 1.13　合并样式

1.3　公式和函数

公式是对 Excel 工作表中的值进行计算的等式。函数是 Excel 预先编写的公式，可以对一个或多个值执行运算，并返回一个或多个值。函数可以简化和缩短工作表中的公式，尤其是在运用公式进行很长或复杂的计算的时候。在 Excel 中用户可以使用常量和算术运算符创建简单的公式。复杂一些的公式可能包含函数、引用、运算符（一个标记或符号，指定表达式内执行的计算的类型，可以是数学、比较、逻辑和引用运算符等）和常量（不进行计算的值，因此也不会发生变化，一直保持恒定）。公式和函数可以使 Excel 的数据计算更加方便和智能化。

1.3.1　公式和函数概述

公式是一个等式或者说是连续的一组数据和运算符组成的序列，主要用于各种数值和非数值计算，使用公式可以根据自己业务需要自行设计简单或者复杂的计算。

函数处理数据的方式和公式处理数据的方式相同，函数通过引用参数接收数据并返回结果。函数是固定模式的，只能使用不能修改，输入的参数应该放在函数名之后，并且必须用括号括起来，各种函数使用参数的类型、参数的个数、参数的顺序都需要一一对应。

Excel 提供的函数类大致可以分为数字和三角函数、文本函数、逻辑函数、数据库函数、统计函数、查找和引用函数、日期和时间函数、财务函数等。Excel 函数的功能强大、应用领域广泛，是 Excel 保持活力的重要因素之一。

函数和公式的主要区别在于：函数是系统编制好的，只能使用；公式可以自行设计、随时调整。当然，公式和函数可以相互引用，公式里面可以将函数作为基本组成要素，函数也可以用公式作为参数。无论是公式还是函数，都会应用到运算符，Excel 的运算符包括算术运算符、比较运算符、文本运算符、引用运算符四大类。Excel 运算符的分类如表 1.1 所示。

表 1.1　Excel 运算符的分类

类型	运算符（键盘符）	含义	示例
算术运算符	+	加法	3+2
	−	减法	3−2
	−	负数	−10
	*	乘法	5 * 6
	/	除法	10/2
	^	乘方	2^5
	%	百分号	50%
	( )	括号	(3+2) * 4
比较运算符	=	等于	A2 = 3
	>	大于	3>5
	<	小于	5<3
	>=	大于或等于	3>= 5
	<=	小于或等于	5>= 3
	<>	不等于	3<>5
引用运算符	:（冒号）	区域运算符，包括两个引用在内的整个区域	A3 : D6
	,（逗号）	联合运算符，将多个引用合并为一个引用	A1 : B2, D5
	（空格）	交叉运算符，产生同时属于两个引用的区域	A4 : H4　B3 : H8
文本运算符	&	将多个文本链接为一个组合文本	'class' & 'room'

Excel 算术运算结果一般是数值，运算对象也需要是数值或者能转换为数值的文本；比较运算结果是一个逻辑值 true 或者 false，比较规则是：数字按照大小比较，字母按照 ASCII 比较，汉字按照字母顺序比较；引用运算结果是一个区域；文本运算结果是字符串。每个运算都需要特定的类型相匹配，如果输入的数据类型不一样，Excel 可以对其进行转换，如果转换不成功将会报错。Excel 转换的基本规则是：如果运算符是 & 时，自动将其他类型转换为字符串处理；如果运算符为算术运算符时将其他类型转换为数值；如果运算结果为逻辑值，将 true 转换为 1，将 false 转换为 0；如果是时间和日期类型，会先转换为时间序列数，再进行数值运算。

Excel 公式和函数运算中的运算顺序优先级一般遵照引用运算符、算术运算符、文本运算符和比较运算符。Excel 基本运算顺序如表 1.2 所示。

表 1.2　Excel 基本运算顺序

运算符	说明
:	冒号，区域运算符
,	逗号，联合运算符
（空格）	空格，交叉运算符
（）	括号，可以强制改变优先级
–	负号，如-2，作为一个整体
%	百分号
^	乘方
*、/	乘和除
+、–	加和减
&	文本运算符
=、<、>、>=、<=、<>	比较运算符

1.3.2　公式和函数的基本操作

公式和函数是 Excel 的精髓所在，其基本操作包括建立、修改、移动和复制等。

1.3.2.1　公式和函数的建立

对于自己熟悉的公式和函数可以直接输入，对于不熟悉的公式和函数可以通过公式选项板进行输入。无论哪种方式都需要先从"="开始。

（1）直接输入步骤：选取要输入公式或函数的单元格；先输入"="，然后输入计算表达式，如果使用函数向导向单元格输入公式，会自动插入等号；按 Enter 键完成输入。

【注】如果在某一区域内输入同一个公式，可以选中该区域，输入所需要的公式，然后按"Ctrl+Enter"键实现自动粘贴，此方法不仅对公式有效，对其他文本或字符也有效。也可以采用拖曳的方法实现区域同公式输入。其方法是：选中公式所在的单元格，将鼠标移动到该单元格右下角，待光标变成填充柄（黑色+符号）时，按下鼠标左键拖动到需要复制公式的区域即可。

（2）公式选项板输入步骤：选中要输入公式或函数的单元格；选择公式→函数库→插入函数命令，打开对话框进行设置即可，如图 1.14 所示。

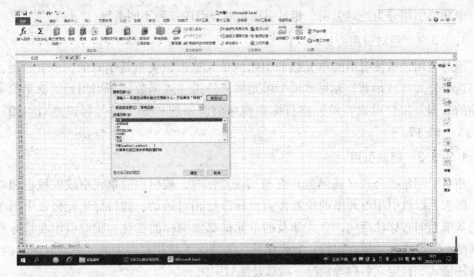

图 1.14　插入函数

1.3.2.2　公式和函数的修改

如果发现公式或函数有使用错误，用户就需要对其进行修改。其基本操作为：单击需要修改的单元格，在编辑栏对公式或函数进行修改。

1.3.2.3　公式和函数的移动与复制

如果要将含有公式的单元格整个移动或复制到另外的单元格区域，既可以按照移动或复制单元格的方法进行操作，也可以通过选择性粘贴（只粘贴单元格的公式、格式或某一个要素），如图 1.15 所示。

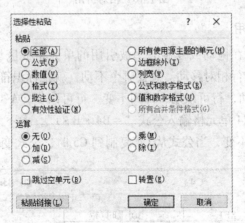

图 1.15　选择性粘贴

1.3.3　公式和函数的引用

单元格是通过行标和列标定位的，引用单元格就是通过行标和列标来使用单元格中的实际数值。单元格引用既可以是本工作簿的一个工作表的任意单元格，也可以是同一工作簿不同工作表的单元格，还可以是不同工作簿不同工作表的任意单元格。被引用单元格数值发生变化后，公式和函数的运算值将会自动修改。

单元格引用分为绝对引用、相对引用和混合引用三种不同类型。

1.3.3.1 绝对引用

绝对引用是指被引用的单元格和引用的单元格位置关系是绝对的。也就是说，无论将这个公式（或函数）粘贴到哪个单元格，公式（或函数）所引用始终都是原来单元格的数据。用户可以在单元格行标和列标前面添加" $ "符号标识绝对引用，如 A5、F2。

1.3.3.2 相对引用

相对引用是指公式（或函数）在拖动或复制时，被引用的单元格或区域也相对移动，即永远以被引用单元格的位置作为坐标进行相对运动，如目标单元格在引用单元格的基础上向右移动两列，公式涉及的单元格都做同样的变化。相对引用在行标和列标前面不需要添加任何标识符。公式在默认的情况下是相对引用的，但需要注意的是，在条件格式、自定义名称等情况下默认是绝对引用。

如图 1.16 所示，已知 KPI 和数量，求总工时。在 J2 单元格输入公式"=H2*I2"，当你往下拖动 J2 的公式到 J3 时，你所引用的参数 H2 和 I2 也同步下移到 H3 和 I3。

	J2		fx	=H2*I2	
	G	H	I	J	K
1	系统	KPI(工时/根)	数量(根)	总工时	
2	燃油	20	45	900	
3	滑油	10	30	300	
4	压载	50	50	2500	
5					

图 1.16 相对引用

1.3.3.3 混合引用

混合引用是指公式在拖动或复制时，被引用的单元格或区域的行或列有一个保持不动，另一个随公式进行相对移动。想要哪个不动，就把标识符" $ "放在哪个前面，如 $A1 则保持 A 列不动，行可以动，即列不变、行可以变，A$1 则列可以动，行保持不动。如图 1.17，在 C4 单元格输入公式"=B4*B$1"，向下复制公式时，引用的单元格 B1 则保持第一行不变，当公式从 C4 复制到 C5 时，公式变为"=B5*B$1"。

	C4		fx	=B4*B$1	
	A	B	C	D	
1	KPI	30	工时/根		
2					
3	系统	数量(根)	总工时		
4	燃油	45	1350		
5	滑油	30	900		
6	压载	50	1500		

图 1.17 混合引用

1.3.3.4 公式和函数引用的应用——九九乘法表

如何利用 Excel 制作一个简单的小学生九九乘法表呢，我们可以通过 Excel 的公式、函数和单元格引用实现这一目标。具体操作步骤如下：

S1：新建一张工作表，在第一行从 B1~J1 依次输入数字 1~9，在第一列从 A2~A10 依次输入数字 1~9。

S2：在 B2 单元格输入公式：=IF($A2>=B$1，$A2 & " * " & B $1 & " = " & $A2 * B$1,"")。

S3：将光标移动到 B2 右下角，当光标变为填充柄时拖曳光标到 J2，释放鼠标。

S4：将光标放在区域 B2~J2 右下角，当光标变为填充柄时拖曳光标到 J10，释放鼠标。

S5：进行格式设置。

九九乘法表如图 1.18 所示。

	1	2	3	4	5	6	7	8	9
1	1*1=1								
2	2*1=2	2*2=4							
3	3*1=3	3*2=6	3*3=9						
4	4*1=4	4*2=8	4*3=12	4*4=16					
5	5*1=5	5*2=10	5*3=15	5*4=20	5*5=25				
6	6*1=6	6*2=12	6*3=18	6*4=24	6*5=30	6*6=36			
7	7*1=7	7*2=14	7*3=21	7*4=28	7*5=35	7*6=42	7*7=49		
8	8*1=8	8*2=16	8*3=24	8*4=32	8*5=40	8*6=48	8*7=56	8*8=64	
9	9*1=9	9*2=18	9*3=27	9*4=36	9*5=45	9*6=54	9*7=63	9*8=72	9*9=81

图 1.18　九九乘法表

1.3.4　常用的统计函数

Excel 提供了大量的库函数，为我们的工作带来了极大的便利。其中仅统计函数就达 100 多个，此处列出了部分统计函数的含义及使用方法。

（1）average：返回参数算术平均值（求平均值）。其语法为 average（number1，number2，…）。例如，average（a1:a5）或者 average（1，3，5）。

（2）confidence：返回总体平均值的置信区间。置信区间是样本平均值任意一侧的区域。confidence（alpha，standard_dev，size），其中，alpha 为计算置信区间的显著性水平，standard_dev 为已知的总体标准差，size 为样本容量。例如，confidence（0.05，10，25）= 3.919927。

（3）correl：返回单元格区域 array1 和 array2 之间的相关系数。使用相关系数可以确定两种属性之间的关系。其基本语法为 correl(array1,array2)，其中 array1 和 array2 是要计算相关系数的两组数。其基本计算公式为 $r_{xy} = \dfrac{\sum(x-\bar{x})(y-\bar{y})}{\sqrt{\sum(x-\bar{x})^2}\sqrt{\sum(y-\bar{y})^2}}$。

（4）count：返回需要统计对象的个数。利用函数 count 可以计算数组或单元格区域中数字项的个数，其基本语法为 count（value1，value2，…）。

（5）covar：返回协方差，即每对数据点的偏差乘积的平均数，利用协方差可以决定两个数据集之间的关系。其基本语法为 covar（array1，array2），其中 array1 和 array2 是要计算相关系数的两组数。其基本计算公式为 $\rho = \dfrac{\mathrm{Cov}(x,\ y)}{\sqrt{\mathrm{Var}(x)\mathrm{Var}(y)}}$。

（6）devsq：返回数据点与各自样本均值偏差的平方和。其基本语法为 devsq（number1，number2，…），其基本计算公式为 $\sum (x_i - \bar{x})^2$。

（7）fdist：返回 f 概率分布。使用此函数可以确定两个数据系列是否存在变化程度上的不同。其基本语法为 fdist（x，degrees_freedom1，degrees_freedom2），其中 x 为计算概率分布的区间点，为非负数，后两个参数为自由度。例如，fdist（2.2，8，13）= 0.1。

（8）finv：返回 f 概率分布的逆函数值。其基本语法为 finv（probability，degrees_freedom1，degrees_freedom2），其中 probability 为概率值。该函数直接对应 F 分布表。

（9）frequency：以一列垂直数组返回某个区域中数据的频率分布。frequency（data_array，bins_array），其中，参数 data_array 表示要分频的数列，bins_array 表示划分区间，一般为一列区间数据。

（10）geomean：返回正数数组或数据区域的几何平均值。其基本语法为 geomean（number1，number2，…），计算公式为 $\sqrt[n]{a_1 \times a_2 \times \cdots \times a_n} = \sqrt[n]{\prod_{i=1}^{n} a_i}$。

（11）intercept：利用已知的 x 值和 y 值计算直线与 y 轴的截距。其基本语法为 intercept（known_y's，known_x's），其中，known_y's 表示因变量的数据点，known_x's 表示自变量的数据点。

（12）kurt：返回数据集合的峰度值。其基本语法为 kurt（number1，number2，…）。

对应峰度计算公式 $K = \dfrac{\sum_{i=1}^{k} (x_i - \bar{x})^4 f_i}{\sum f_i \cdot s^4} - 3$，其中，$s$ 为标准差，f_i 为频数。

（13）large：返回数据集里第 k 个最大值。使用此函数可以根据相对标准来选择数值。其基本语法为 large（array，k），其中参数 array 代表数组。

（14）linest：使用最小二乘法计算对已知数据进行最佳直线拟合，并返回描述此直线的数组。linest（known_y's，known_x's，const，stats），其中，known_y's 为因变量数列，known_x's 为自变量数列，const 强调是否强制截距为 0，stats 决定是否返回回归统计值。

（15）max：返回数据集中的最大数值。其基本语法为 max（number1,number2,…）。

（16）median：返回给定数值集合的中位数。中位数是在一组数据中居于中间的数。其基本语法为 median（number1，number2，…）。

（17）min：返回数据集中的最小值。其基本语法为 min（number1，number2，…）。

（18）mode：返回在某一数组或数据区域中出现频率最多的数值，即求一个数列的众数。其基本语法为 mode（number1，number2，…）。

（19）normsdist：返回标准正态分布的累积函数（分布函数），该分布的平均值为 0，标准偏差为 1。其基本语法为 normsdist（z），其中参数 z 为计算标准正态分布的区间点。实际上对于标准之态分布表，如 normsdist（0）= 0.5。

（20）normsinv：返回标准正态分布累积函数的逆函数。该分布的平均值为 0，标准偏差为 1。其基本语法为 normsinv（probability）。实际上就是已知概率值求区间点，是函数 normsdist 的逆运算。

（21）poisson：返回泊松分布。泊松分布通常用于预测一段时间内事件发生的次数，比如 1 分钟内通过收费站的轿车的数量。poisson（x，mean，cumulative），其中 x 为次数，mean 为期望值，也就是 λ 的值，cumulative 为逻辑值，如果为 true 表示返回泊松累积分布概率，即随机事件发生的次数在 0 到 x 之间（包含 0 和 1）；如果为 false，则返回泊松概率密度函数，即随机事件发生的次数恰好为 x。$P(X = x) = \dfrac{\lambda^x e^{-\lambda}}{x!}$。

（22）quartile：返回数据集的四分位数。四分位数将一组数分成 4 等份，可以看出处于 25%、50%、75% 位置上的数据情况，从而对整体分布做初步判断。其基本语法为 quartile（array，quart），其中 array 表示数列，quart 表示要求第几个四分位数，取值为 0~4，如果为 0 和 4，即分别为最小值和最大值，一般选 1，2，3，如果是 2，即为中位数。

（23）rank：返回某一个数值在一组数值中的排位。数值的排位是与数据清单中其他数值的相对大小（如果数据清单已经排过序，则数值的排位就是它当前的位置）。其基本语法为 rank（number，ref，order），其中 number 要排名的数字，一般为一个单元格；ref 为排名的数列，需要绝对引用；order 表明排名方式，如果为 0 或者忽略则按升序排列，如果为非零数值则按降序排列。

（24）skew：返回分布的偏斜度，即统计意义上的偏态指标偏度系数。偏斜度反映以平均值为中心的分布的不对称程度。正偏斜度表示不对称边的分布更趋向正值，负偏斜度表示不对称边的分布更趋向负值。其基本语法为 skew(number1, number2, …)。其计算公式为 $SK = \dfrac{\sum\limits_{i=1}^{k}(M_i - \bar{x})^3 f_i}{\sum f_i \cdot s^3}$，其中 s 为标准差，$M_i$ 为中位数，f_i 为频数。

（25）slope：返回根据 known_y's 和 known_x's 中的数据点拟合的线性回归直线的斜率。斜率为直线上任意两点的垂直距离与水平距离的比值，也就是回归直线的变化率。其基本语法为 slope（known_y's，known_x's），其中 known_y's 为因变量数列，known_x's 为自变量数列。

（26）small：返回数据集中第 k 个最小值。使用此函数可以返回数据集中特定位置上的数值。其基本语法为 small（array，k）。其用法同 large 函数。

（27）standardize：返回以 mean 为平均值，以 standard-dev 为标准偏差的分布的正态化数值。其基本语法为 standardize（x，mean，standard_dev），其中，x 为非正态分布的数值，X 服从正态分布，即 $X \sim N$（mean，standard_dev2）。mean 为非正态分布的平均值，standard_dev 为非正态分布的标准差。

（28）stdev：估算样本的标准偏差。标准偏差反映相对于平均值（mean）的离散

程度。其基本语法为 stdev（number1，number2，…）。其对应的计算公式为 $s =$

$$\sqrt{\frac{\sum_{i=1}^{n}(x_i - \bar{x})^2}{n-1}} = \sqrt{\frac{n\sum x^2 - (\sum x)^2}{n(n-1)}}$$。

（29）stdevp：返回以参数形式给出的整个样本总体的标准偏差。标准偏差反映相对于平均值（mean）的离散程度。其基本语法为 stdevp(number1,number2,…)。其对应的计算公式为 $\sqrt{\frac{n\sum x^2 - (\sum x)^2}{n^2}}$。

（30）steyx：返回通过线性回归法计算 y 预测值时所产生的标准误差。标准误差用来度量根据单个 x 变量计算出的 y 预测值的误差量。其基本语法为 steyx（known_y's，known_x's），其中，known_y's 为因变量数列，known_x's 为自变量数列。

（31）tdist：返回学生氏 t-分布的百分点（概率），t 分布中数值 x 是 t 的计算值（将计算其百分比）。t 分布用于小样本数据集合的假设检验，使用此函数可以代替 t 分布的临界值表，实际上是 t 分布表逆操作。其基本语法为 tdist（x，degrees_freedom，tails），其中，x 表示用于计算 t 分布的数值，degrees_freedom 表示自由度，tails 表示是单侧分布还是双侧分布，如果为 1 表示单侧分布，如果为 2 表示双侧分布。例如，tdist（0.7267，5，1）= 0.249996305。

（32）tinv：返回作为概率和自由度函数的学生氏 t 分布的 t 值。实际上相当于直接查 t 分布表，只不过是针对双侧检验。其基本语法为 tinv（probability，degrees_freedom）。

（33）var：计算样本方差。其基本语法为 var（number1，number2，…）。其对应的计算公式为 $s^2 = \dfrac{\sum_{i=1}^{n}(x_i - \bar{x})^2}{n-1} = \dfrac{n\sum x^2 - (\sum x)^2}{n^2}$。

（34）varp：计算样本总体的方差。其基本语法为 varp（number1，number2，…）。其对应的计算公式为 $\dfrac{n\sum x^2 - (\sum x)^2}{n^2}$。

（35）countif：计算某个区域中满足条件的单元格数目。其基本语法为 countif（range，criteria），其中 range 是要计算的非空单元格区域，criteria 是判断条件，可以是数值、表达式或文本形式定义的条件。

1.3.5 公式函数的错误和审核

审核公式或函数关系到运算结果的正确与否，包括循环引用、返回的错误值、审核及检查等方面的内容。

1.3.5.1 循环引用

循环引用是指在引用公式或函数时引用自身所在的单元格，也就是直接或间接引用该公式所在的单元格的数值。在计算循环引用的公式时，必须启用迭代。迭代是指重复计算工作表直到满足特定的数值条件。使用前一次迭代的结果来计算循环引用中的每个单元格。

启用迭代的方法是：文件→选项→Excel 选项对话框→公式，如图 1.19 所示。

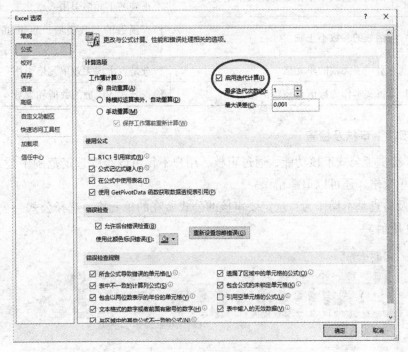

图 1.19　循环引用设置

例如，在 A2 单元格输入"5"、B2 单元格输入公式"＝A2+B2"，启用迭代计算后，B2 单元格值为 5；如果将 A2 单元格改为 100，此时 B2 单元格值变为 105；再次将 A2 单元格值改为 500、B2 单元格值变为 605。下一次都会将上一次计算结果作为 B2 单元格的数值循环计算。

1.3.5.2　公式或函数返回的错误值

Excel 公式或者函数使用不符合要求时将会出现错误值提示。具体错误值及含义如表 1.3 所示。

表 1.3　Excel 公式或函数错误值及含义

错误值	含义	解决办法
######!	公式或函数计算结果数值太长，单元格宽度不够，无法全部显示	加宽单元格
#DIV/0!	公式中产生了除数或分母为 0 的错误	检查是否引用了空白单元格或数值为 0 的单元格，检查是否有函数返回值为 0
#N/A	引用的单元格没有可用的数值	检查被引用单元格是否缺具体数值
#NAME?	公式或函数中出现不能识别的名字或者字符	检查被引用单元格的名称是否正确

表1.3(续)

错误值	含义	解决办法
#NULL!	试图为公式中不相交的区域指定交叉点	检查是否引用了不正确的区域操作符或不正确的单元格引用
#NUM!	函数的参数不正确	检查函数的参数类型、顺序和个数是否正确
#REF!	引用了无效的单元格	检查是否出现无效单元格引用
#VALUE!	将文本作为数值或逻辑值输入	检查公式或函数的数值和参数

1.3.5.3 审核及检查

Excel 提供了公式审核功能，通过审核，用户不仅可以跟踪选定范围中公式的引用或者从属单元格，还可以追踪错误。

审核及检查基本操作为：选定要审核的公式所在的单元格，选择公式→公式审核，如图 1.20 所示。

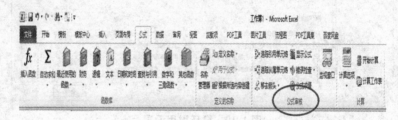

图 1.20 公式审核

1.3.6 数组操作

数组是一组公式或值的长方形区域，数组计算是小空间进行大量计算的强有力的方法，可以代替很多重复的公式。

1.3.6.1 输入数组公式

数组作为一种特殊数据类型，其操作和一般公式函数操作存在差异。一般来说，数组公式的操作步骤如下：

S1：选中需要输入数组公式或函数的单元格或者单元格区域。

S2：输入公式或函数。

S3：按 Shift+Ctrl+Enter 快捷键结束输入。

数组公式返回多个结果，如果要删除数组公式，必须删除整个数组公式，不能部分删除。

例如，有两列数需要一并计算其乘积，可以在 A1~A6、B1~B6 单元格输入数据，选中需要存放计算结果的区域 C1：C6，在编辑栏输入公式"=A1：A6 * B1：B6"，然后按快捷键 Shift+Ctrl+Enter 结束输入。其计算操作如图 1.21 所示。

	A	B	C	D
1	20	87	1740	
2	25	55	1375	
3	63	65	4095	
4	66	14	924	
5	85	75	6375	
6	100	86	8600	

C1 ▼ 𝑓ₓ {=A1:A6*B1:B6}

图 1.21　数组计算操作

1.3.6.2　数组常量

在 Excel 中直接输入的各种数据称为常量，数组常量可以直接在公式中输入，同时用大括号（{}）括起来，注意不同列的数据要用逗号分隔，不同行的数据用分号分隔。例如，选中一个两行三列的区域，在编辑栏输入数组常量公式"= {1，2，3；4，5，6}"，然后按快捷键 Shift+Ctrl+Enter，则在该区域第一行输入数据 1、2、3，第二行输入数据 4、5、6，如图 1.22 所示。

1	2	3
4	5	6

图 1.22　数组常量操作

1.3.6.3　使用数组的注意事项

数组为我们处理批量数据带来了极大的便利，但是使用数组时需要注意以下规定：

（1）数组常量不能包含单元格引用，并且数组常量的行或列的长度必须相等；

（2）数组常量可以是数字、文本、逻辑值以及错误值；

（3）数组常量中的数字可以是整数、小数或者科学计数法表示的数；

（4）在同一个数组中可以包含不同类型的数据；

（5）数组常量中的数值不能是公式或者函数，必须是常量，不能包含 \$、（）或者%等特殊符号；

（6）文本必须包含在双引号内。

2

Excel 统计高级进阶

Excel 的功能非常强大，本章将介绍如何利用 Excel 进行海量数据处理及特殊问题分析的相关技巧。

2.1　数据快速输入技巧

2.1.1　不同类型数据的输入

Excel 提供了不同类型的数据，各种数据的输入方式不一样。下面介绍文本、数字、日期和时间等数据类型的输入方法。

2.1.1.1　文本输入

文本包括汉字、字母、特殊符号、数字、空格等。在输入文本时，文本会同时出现在活动单元格和编辑栏，按 Backspace 键可以删除光标左边的字符，按 Delete 键可以删除光标右边的字符，如果要取消输入可以单击编辑栏的取消按钮或按 Esc 键。可以使用 Tab 键激活右侧相邻单元格，按 Enter 键激活下方相邻单元格。也可以通过选项设置调整 Enter 键的移动方向。其设置方法为：文件→选项→高级选项卡，如图 2.1 所示。

2.1.1.2　数字输入

数字包括 0~9 以及-、( )、.、e、E、,、/、¥、$、%等特殊符号。普通数字输入和文本输入没有特别差异。下面介绍分数和负数的输入方法。

分数通常以"/"表示。和日期的分隔符一样，为避免混淆，Excel 规定，在输入分数时，须在分数前输入 0 以示区别，并且 0 和分子之间要用一个空格隔开，如要输入分数 3/5，则输入"0 3/5"。

负数的输入既可以直接在前面输入减号"-"作为标识，也可以将数字置于括号( )中。

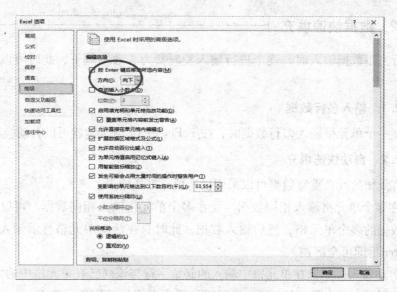

图 2.1　Enter 键的方向设置

2.1.1.3　日期和时间输入

日期和时间都有自己特殊的格式，用户可以使用多种格式来输入一个日期如用
"/"或者"-"作为分隔符，为了避免出错，建议不要输入 2 位数字表示年份，尽量
用 4 位数字表示年份。时间有 12 小时制和 24 小时制输入格式，12 小时制输入时间要
在时间数字后加一个空格，然后输入 a（AM）或 p（PM），24 小时制则直接输入时间
即可。在同一个单元格中输入日期和时间时，要用空格分隔，否则将被认为是文本。
如果输入当前时间和日期可以采用快捷"键 Ctrl+Shift+"；和"Ctrl+;"。

日期和时间的格式可以通过对话框自行设置，具体操作如下：开始→单元格→格
式→设置单元格格式，选择数字选项卡；然后选择分类列表框中的"日期"（或"时
间"选项），选取自己所需的格式即可，如图 2.2 所示。

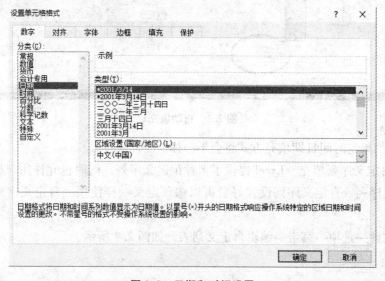

图 2.2　日期和时间设置

2.1.2　数据快速填充

在进行大量数据输入时，逐个进行输入费时费力、效率低下，此时可以采用快速输入技巧。

2.1.2.1　输入多行数据

如果在一个单元格输入多行数据时，按下 Enter+Alt 组合键就可以自动换行输入。

2.1.2.2　自动快速填充

对于有规律的或者重复数据可以采用快速填充方式输入。

（1）在多个单元格输入相同数据。要在多个单元格输入相同数据，可以选中需要输入相同数据的多个单元格，然后输入数据，此时只在活动单元格显示输入内容，按下 Ctrl+Enter 键即可全部输入。

（2）自动输入。如果在单元格中输入的起始字符与该列已有单元格中的内容相符，可以自动填写其余的字符。按 Enter 键可以接受自动提供的字符，按 Backspace 键可以清除自动提供的字符。

（3）自动填充。如果输入的数据存在某种规律，可以采用自动填充的方式快速录入数据。其操作步骤如下：

S1：建立一段有规律的数据，然后选中。这些数据必须是连续在同一行或者同一列。

S2：单击按住鼠标左键，当光标变成填充柄后，拖曳到合适位置释放鼠标，也可以通过对话框设置填充规律，如图 2.3 所示。

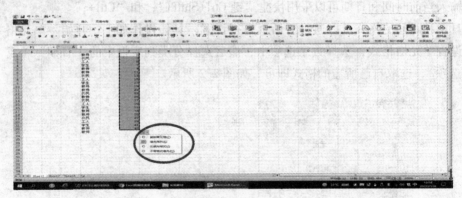

图 2.3　自动填充

【注】如果是时间日期填充方式将会不一样。

（4）自定义序列填充。Excel 提供了多种预定义序列，同时也允许用户根据自己的需要自定义序列。自定义序列设置好后可以像预定义一样使用。自定义序列的操作步骤如下：

S1：文件→选项→高级→编辑自定义列表，如图 2.4 所示。

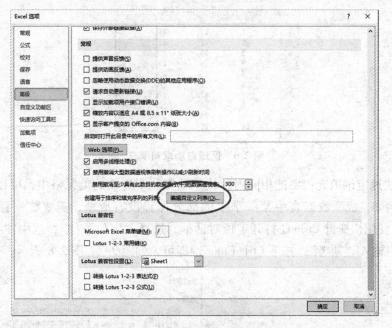

图 2.4　自定义序列设置

S2：进行自定义对话框设置，如图 2.5 所示。

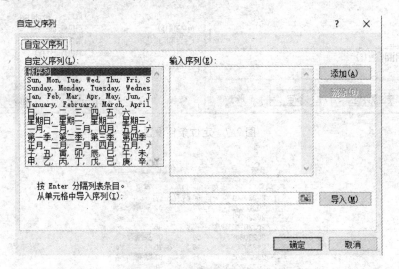

图 2.5　自定义对话框设置

2.1.2.3　其他填充方式

（1）自动求和填充：快捷键 Alt＋＝用于完成区域内多组数据自动求和填充。首先选中需要填充求和结果的单元格区域，然后按下 Alt＋＝组合键，完成自动求和填充，如图 2.6 所示。

D1	=SUM(A1:C1)			
	A	B	C	D
1	1	11	21	33
2	2	12	22	36
3	3	13	23	39
4	4	14	24	42
5	5	15	25	45
6	6	16	26	48
7	7	17	27	51
8	8	18	28	54
9	9	19	29	57
10	10	20	30	60

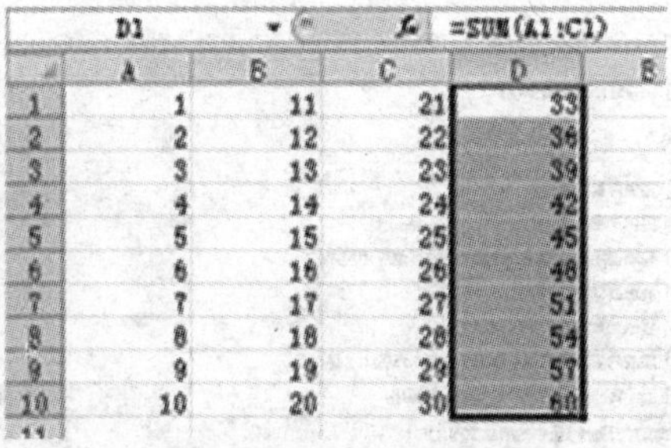

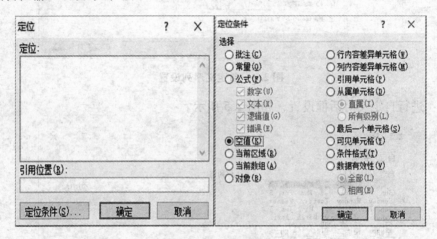

图 2.6　区域自动求和填充

（2）快速定位填充：要把相同内容快速填充到不连续的单元格中，可以使用定位法完成。例如，成绩数据表中某些学生的部分课程没有成绩，需要统一标注为“缺考”，可以使用快捷键 Ctrl+G 打开定位对话框，选择“定位条件”，选中“空值”，然后在编辑栏输入“缺考”，按下 Ctrl+Enter 键即可，如图 2.7、图 2.8 所示。

图 2.7　定位条件设置

C2	缺考			
	A	B	C	D
1	学号	语文	数学	英语
2	20220101	80	缺考	75
3	20210022	70	52	缺考
4	20220301	60	96	92
5	20220302	缺考	85	88
6	20220303	56	88	缺考
7	20220304	98	75	84
8	20220305	45	87	缺考
9	20220306	缺考	91	66
10	20220307	36	90	缺考

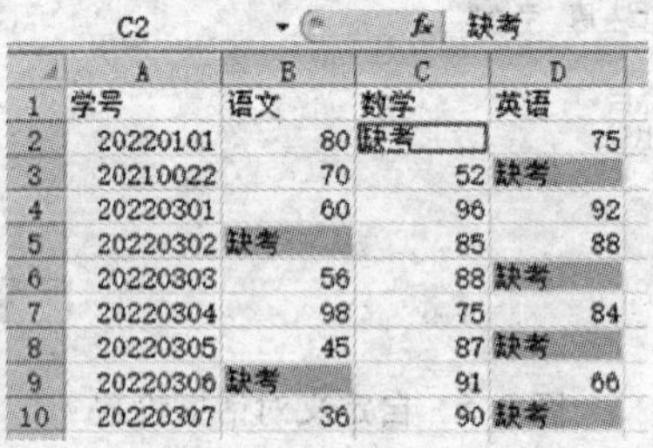

图 2.8　快速定位填充

2.2　数据管理与分析

Excel 的数据管理功能强大，使用场合广泛。从常规的数据排序、筛选、分类、透视到复杂的模拟运算、规划求解等高级数据分析，Excel 都提供了解决方案。

2.2.1 数据清单

数据清单是包含相关数据的一系列工作表数据行，类似于数据库管理方式。一个数据表要成为数据清单，需要满足以下条件：每列有一个列标题，每列数据类型一致。如果电子表格是数据清单，每一列对应数据库的属性，每一行对应数据库的记录，这样一个数据清单可以和数据库进行相互转换，在不同数据库系统之间建立数据链接，也就是将简单的 Excel 电子表格和数据库系统关联起来，使其得到更为广泛的使用。

记录单操作包括添加记录单选项、使用记录单、修改记录、删除记录和查找记录等。这里主要介绍前两项。

2.2.1.1 添加记录单选项

一般情况下，Excel 没有专门的记录单选项，但可以通过自定义添加记录单选项卡。其基本操作方法如下：选择文件→选项→自定义功能区。根据需要选择记录单的位置新建选项卡，对新建的选项卡重命名如"记录单"并确定。此时，在新建选项卡里面将会出现"记录单"命令。

2.2.1.2 使用记录单

记录单可以提供简便的方法在数据清单中一次输入一个完整的信息行即记录。具体操作方法如下：单击需要添加记录的任意单元格，单击"记录单"按钮，打开对话框即可进行新建、修改、删除、查找、逐条滚动等操作，如图 2.9 所示。

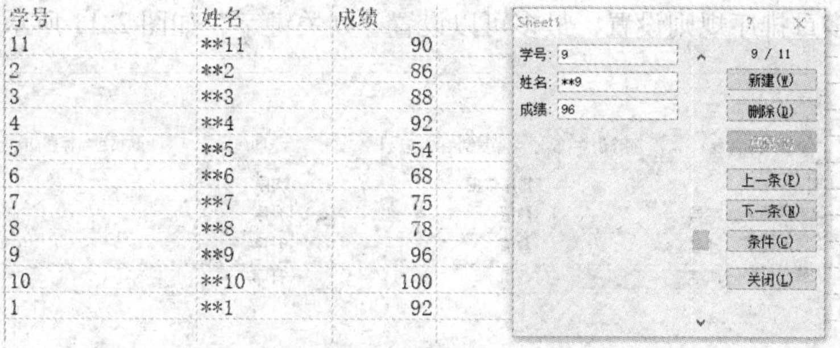

图 2.9 记录单操作

2.2.2 数据排序

一般在统计分析预处理中需要对数据进行排序，通过排序，有些显性的规律会很容易表现出来，同时排序也是数据分组分类的主要参考。Excel 提供了简单排序和复合排序两种排序方式。

2.2.2.1 排序规则

根据排序数据类型的不同，排序规则如下：

（1）数字按照从小到大的顺序排列；

（2）文本（包括数字型文本），首先是数字 0~9，然后是字符'－（空格）！＃＄％＆（括号）＊，．／：；？＠＼＾－｜｝～＋＜＝＞，最后是字母 A~Z（不区分大小写）；

（3）逻辑值，false 排在 true 之前；

（4）所有错误值优先级等效。

2.2.2.2　简单排序

简单排序是对数据列表中单列数据进行排序。其操作方法如下：单击待排数据列表中的任意单元格，选择数据→排序命令，设置排序对话框即可，如图 2.10 所示。如果仅仅是对一列数据排序，也可以直接点击排序按钮。

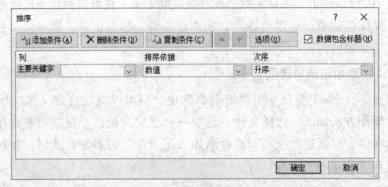

图 2.10　简单排序

2.2.2.3　复合排序

如果某列数据多处重复，可以选择多个关键字进行复合排序。其操作方法如下：单击需要排序的工作表任意单元格，选择数据→排序命令，打开对话框，选择"添加条件"进行多重排序规则设置，最多可以设置 3 列关键字，如图 2.11 所示。

图 2.11　复合排序

【注】排序后原始数据的行顺序将发生变化，如果要保留原来顺序，建议排序前先复制工作表。

2.2.3　数据筛选

数据筛选是从海量数据中找出符合条件的数据，筛选会暂时将不符合条件的数据隐藏。Excel 提供了自动筛选和高级筛选方法。

2.2.3.1　自动筛选

自动筛选的基本操作方法如下：单击要筛选的数据表的任意单元格，选择数据→

筛选。此时每列标题会出现下拉列表框，点击该下拉列表框根据条件进行对话框设置即可，如图 2.12 所示。

图 2.12　自动筛选

2.2.3.2　高级筛选

对于大型工作表和数据清单，可以使用高级筛选进行多重条件筛选，以获取精准数据资源。其操作方法如下：先设置条件，然后选择工作表任意数据单元格，选中数据→高级，打开高级筛选对话框，进行对话框设置即可，如图 2.13 所示。

学号	姓名	语文	数学		
11	**11	90	80		
2	**2	86	91		
3	**3	88	56		
4	**4	92	82		
5	**5	54	86		
8	**8	78	83		
9	**9	96	89		
10	**10	100	96		
1	**1	92	86		
				语文	数学
				>=80	
					>=80

图 2.13　高级筛选

注意，高级筛选条件设置的方法是先将列标题拷贝到某一个空白区域，然后在下面设置条件（符合规定的表达式）。在同一行表示 and 关系，即同时满足；在不同行的条件表示 or 关系，即满足之一。如上面例子的条件表示语文或者数学在 80 分以上的同学。

【注】筛选仅仅是将不符合条件的数据隐藏起来，要取消筛选直接点击筛选按钮 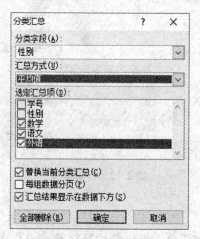 筛选 即可。

2.2.4　分类汇总和数据透视

分类汇总是将数据按照某一字段进行分类并计算汇总，比如求和、平均值或者计数等，通过分类汇总可以方便地分析出各类数据在总数据中所占的位置，也可以初步判断事物基本构成。

建立分类汇总之间，首先应该按照分类类别对数据进行排序。

分类汇总的基本操作方法是：在需要分类汇总的工作表中任意单击一个单元格，选中数据→分级显示→分类汇总，打开分类汇总对话框进行设置，如图 2.14 所示。

图 2.14　分类汇总设置

例如，有一个学生成绩表，现需要将男女同学各科成绩的平均值汇总出来，可以进行图 2.14 的设置，得到汇总统计结果，如图 2.15 所示。

	A	B	C	D	E
1	学号	性别	数学	语文	外语
2	317	男	98	76	80
3	302	男	75	88	90
4	312	男	82	78	88
5	304	男	75	92	78
6	314	男	78	80	86
7	320	男	82	78	75
8	308	男	68	76	81
9	315	男	80	77	66
10	303	男	80	76	63
11	318	男	60	77	66
12	311	男	56	65	72
13		男 平均值	75.81818	78.45455	76.81818
14	310	女	95	88	96
15	307	女	91	88	95
16	301	女	88	86	72
17	309	女	72	77	79
18	316	女	65	78	81
19	313	女	72	76	63
20	319	女	70	67	68
21	306	女	72	50	80
22	305	女	65	70	58
23		女 平均值	76.66667	75.55556	76.88889
24		总计平均值	76.2	77.15	76.85

图 2.15　分类汇总

要取消分类汇总，点击对话框的"全部删除"即可。

数据透视是对大量数据快速汇总和建立交叉列表的交互式表格，可以用于转换行和列，便于查阅数据的不同汇总结果，可以显示不同页面的筛选数据，可以根据需要显示区域中的明细数据。

我们可以利用包括数据清单、数据库、文本文件甚至网络资源作为数据源进行数据透视操作。一个数据透视表由报表筛选、列标题、行标题和数值组成。其中，报表筛选基于选定项筛选整个报表，行标签和列标签分别是用于将字段显示为报表侧面与顶部的行和列，数值就是用于显示汇总数值数据。

建立数据透视的步骤如下：

S1：打开要创建数据透视表的文件。

S2：选择插入→表格→数据透视表，打开"创建数据透视表"对话框，如图 2.16 所示。

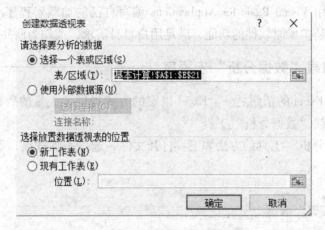

图 2.16　数据透视设置

S3：在数据透视表任务窗格拖动相应字段到适当区域，生成数据透视表，如图 2.17 所示。

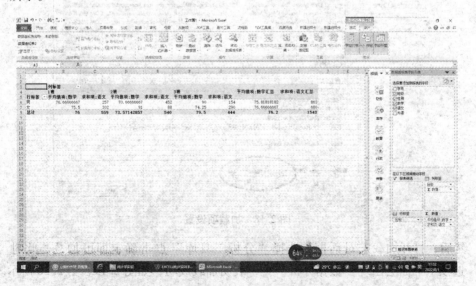

图 2.17　数据透视

2.3 Excel 数据分析工具库宏程序的开启和操作

Excel 宏是一个记录和回放工具，可以简单地记录你的 Excel 操作步骤，可以根据你的需要多次回放。Excel 提供了两种类型的宏：系统宏和 VBA 宏。宏可以自动执行重复性任务，从而节省时间。

在宏建立好之后，用户需要加载宏才能使用。加载宏是通过增加自定义命令和专用功能来扩展 Microsoft 系列办公软件功能的补充程序，可扩软件包括常用的 Word、Excel、PowerPoint、Outlook 等。用户可以从 Microsoft Office 网站或第三方供应商获得加载宏，也可以使用 Visual Basic for Applications 编写自己的加载宏程序。加载宏又被称为扩展宏，主要是扩展原软件的功能，满足用户自身需求，或作为商品向公众发售。

2.3.1 加载"数据分析"宏程序

数据分析是 Excel 的精髓之一。Excel 以宏的方式提供了大量的数据分析功能，使用之前需要先加载"数据分析"工具。

加载"数据分析"工具的方法如下：打开文件→选项→加载项，点击"转到"按钮，如图 2.18 所示。

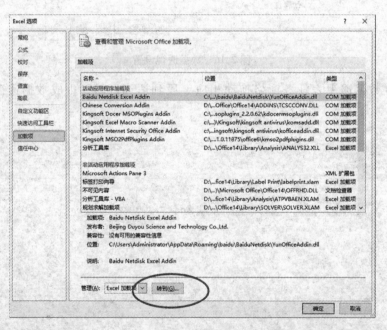

图 2.18 加载项设置

然后，打开加载宏对话框，选择"分析工具库"点击确定即可加载，此时"数据"选项卡下面会出现"数据分析"栏，表明加载成功，如图 2.19、图 2.20 所示。

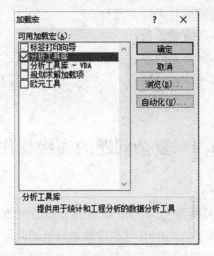

图 2.19　分析工具库加载

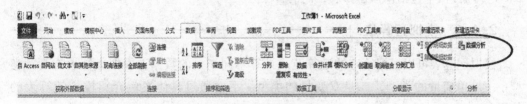

图 2.20　数据分析标签

2.3.2　数据分析程序简介

Excel 数据分析工具的功能丰富，用处广泛，提供了包括方差分析、回归分析等在内的近 20 种统计分析工具。具体包括：

（1）方差分析：单因素方差分析；

（2）方差分析：可重复双因素分析；

（3）方差分析：无重复双因素分析；

（4）相关系数；

（5）协方差；

（6）描述统计；

（7）指数平滑；

（8）F-检验：双样本方差；

（9）傅里叶分析；

（10）直方图；

（11）移动平均；

（12）随机数发生器；

（13）排位与百分比排位；

（14）回归；

（15）抽样；

（16）t-检验：平均值的成对二样本分析；

（17）t-检验：双样本等方差假设；

（18）t-检验：双样本异方差假设；

（19）t-检验：双样本平均差检验。

2.4 复杂问题的高级操作

在经济与管理中，我们经常会碰到诸如敏感分析、规划求解、高次方程等问题，虽然 Excel 有着强大的内置公式，但有时在做数据分析的时候，完全依靠公式和函数可能会相对麻烦，如果公式定位错了，还会导致整个数据表计算结果的连锁错误。为此，Excel 专门提供了包括模拟运算表在内的解决方案。

2.4.1 模拟运算表

模拟运算表可以根据给定的运算范式计算不同场景的数据。模拟运算表有两种类型：一是单变量的类型，二是双变量的类型。下面通过具体案例介绍模拟运算表的使用。

2.4.1.1 用单变量模拟运算表计算贷款情况

单变量模拟运算表是基于一个变量对计算结果的影响分析。

【例 2.1】某人购房按揭贷款 400000 元，期限为 20 年，贷款年利率为 5.6%，采用等额本息的方式偿还，可以采用 pmt 函数计算他每月的偿还额，输入公式"=pmt(B2/12,B4 * 12,B3)"，即可得月还款额为 2774.19 元，如图 2.21 所示。

	A	B
1		
2	贷款利率（年）	5.60%
3	贷款总额	400000
4	贷款年限	20
5	每月付款额（元）	¥-2,774.19

图 2.21 单变量模拟运算

现欲计算在利率和总贷款额度不变的情况下，贷款期限发生变化对每月还款额的影响；或在贷款期限和利率不变的情况下，不同的总贷款额对月还款额的影响可以通过模拟运算表来实现。具体操作步骤如下：

S1：在单元格 B10 和 E10 分别输入公式"=pmt(B2/12,B4 * 12,B3)"。

S2：选择区域 A10：B26，选择数据→模拟分析→模拟运算表，打开模拟运算对话框，如图 2.22 所示。

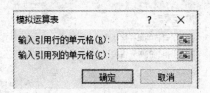

图 2.22　单变量模拟运算设置

S3：在"输入引用列的单元格"中输入绝对地址"B4"（希望年限变化，选择年限所在的单元格），即可得到计算结果，如图 2.23 所示。

	A	B	C	D	E
1		单变量求解			
2	贷款利率（年）	5.60%			
3	贷款总额	400000			
4	贷款年限	20			
5	每月付款额（元）	¥-2,774.19			
6					
7					
8	单变量模拟运算(年限变化)			单变量模拟运算(总额变化)	
9	贷款年限	每月付款额（元）		贷款总额	每月付款额（元）
10		-2,774.19			¥-2,774.19
11	10	-4360.898094		50000	-346.7737577
12	11	-4065.704489		60000	-416.1285092
13	12	-3821.104728		70000	-485.4832607
14	13	-3615.41417		80000	-554.8380123
15	14	-3440.285986		90000	-624.1927638
16	15	-3289.598575		100000	-693.5475153
17	16	-3158.760193		110000	-762.9022669
18	17	-3044.259019		120000	-832.2570184
19	18	-2943.363188		130000	-901.61177
20	19	-2853.915562		140000	-970.9665215
21	20	-2774.190061		150000	-1040.321273
22	21	-2702.789049		160000	-1109.676025
23	22	-2638.568703		170000	-1179.030776
24	23	-2580.583851		180000	-1248.385528
25	24	-2528.046605		190000	-1317.740279
26	25	-2480.294917		200000	-1387.095031
27					

图 2.23　单变量模拟运算结果

S4：对贷款总额变化做类似操作即可（选择贷款总额所在单元格 B3）。

2.4.1.2　用双变量模拟运算表计算贷款的情况

双变量模拟运算表是考虑两个影响变量变化对公式计算结果的影响，在经济与管理实践中的应用较为广泛。

【例 2.2】利用双变量模拟运算表模拟上例中的贷款利率为 5.6%，贷款总额和贷款年限均发生变化的月还款金额表。其基本操作步骤如下：

S1：建立如例 2.1 所建立的基本运算公式。

S2：在 A8 单元格中输入公式"=pmt(B2/12,B4*12,B3)"。

S3：选中区域 A8:I19，选择数据→模拟分析→模拟运算表，打开模拟运算对话框，如图 2.24 所示。

图 2.24　双变量模拟运算设置

S4：在"输入引用行的单元格"中输入贷款总额单元格"＄B＄3"，在"输入引用列的单元格"中输入贷款年限单元格"＄B＄4"，即可得到计算结果，如图 2.25 所示。

	A	B	C	D	E	F	G	H	I
1		单变量求解							
2	贷款利率（年）	5.60%							
3	贷款总额	400000							
4	贷款年限	20							
5	每月付款额（元）	¥-2,774.19							
6									
7				双变量运算表					
8	-2774.190061	50000	60000	70000	80000	90000	100000	110000	120000
9	5	-957.3676643	-1148.84	-1340.31	-1531.79	-1723.26	-1914.74	-2106.21	-2297.68
10	6	-819.2361853	-983.083	-1146.93	-1310.78	-1474.63	-1638.47	-1802.32	-1966.17
11	7	-720.8777504	-865.053	-1009.23	-1153.4	-1297.58	-1441.76	-1585.93	-1730.11
12	8	-647.3763835	-776.852	-906.327	-1035.8	-1165.28	-1294.75	-1424.23	-1553.7
13	9	-590.4452886	-708.534	-826.623	-944.712	-1062.8	-1180.89	-1298.98	-1417.07
14	10	-545.1122618	-654.135	-763.157	-872.18	-981.202	-1090.22	-1199.25	-1308.27
15	11	-508.2130611	-609.856	-711.498	-813.141	-914.784	-1016.43	-1118.07	-1219.71
16	12	-477.638091	-573.166	-668.693	-764.221	-859.749	-955.276	-1050.8	-1146.33
17	13	-451.9267712	-542.312	-632.697	-723.083	-813.468	-903.854	-994.239	-1084.62
18	14	-430.0357483	-516.043	-602.05	-688.057	-774.064	-860.071	-946.079	-1032.09
19	15	-411.1998219	-493.44	-575.68	-657.92	-740.16	-822.4	-904.64	-986.88

图 2.25　双变量模拟运算结果

2.4.1.3　用模拟运算表做盈亏平衡分析

【例 2.3】某一个生产企业某产品单位售价为 16 元，单位可变成本为 10 元，固定成本为 60000 元，产能为 100000 元。要求：

（1）计算该产品盈亏平衡点销售量及销售额；

（2）假定单位产品售价降至 15 元，单位可变成本减少到 7 元，计算新的盈亏平滑点销售量和销售额。

基本计算公式如下：

变化前盈亏点销售量 ＝60000/（16-10）＝10000（件）

变化前盈亏点销售额 ＝10000 ＊ 16＝160000（元）

变化后盈亏点销售量 ＝60000/（15-7）＝7500（件）

变化后盈亏点销售额 ＝7500 ＊ 15＝112500（元）

下面采用模拟运算表计算不同销售水平下的销售收入、总成本、盈亏平衡点销量及销售额。其基本操作步骤如下：

S1：计算盈亏平衡点，输入销售量、固定成本、单位变动成本、单价等基础数据信息，然后在销售收入、总成本、利润、盈亏平衡点销量、盈亏平衡点销售额中分别输入公式“=B2＊B5”、“=B3+B4＊B2”、“=B6-B7”、“=B3/（B5-B4）”、“=B9＊B5”。

S2：在适当区域输入要计算的各项指标名称。

S3：在销售收入、总成本、利润、盈亏平衡点销量、盈亏平衡点销售额对应的单元格输入公式，如图 2.26 所示。

A	B	C	D	E	F	G	H	I
盈亏平衡点计算			销售量	固定成本	销售收入	总成本	利润	盈亏平衡点销量
销售量	100000			=B3	=B6	=B7	=B8	=B9
固定成本	60000		150000	=TABLE(,B2)	=TABLE(,B2)	=TABLE(,B2)	=TABLE(,B2)	=TABLE(,B2)
单位变动成本	10		160000	=TABLE(,B2)	=TABLE(,B2)	=TABLE(,B2)	=TABLE(,B2)	=TABLE(,B2)
单价	16		170000	=TABLE(,B2)	=TABLE(,B2)	=TABLE(,B2)	=TABLE(,B2)	=TABLE(,B2)
销售收入	=B2*B5		180000	=TABLE(,B2)	=TABLE(,B2)	=TABLE(,B2)	=TABLE(,B2)	=TABLE(,B2)
总成本	=B3+B4*B2		190000	=TABLE(,B2)	=TABLE(,B2)	=TABLE(,B2)	=TABLE(,B2)	=TABLE(,B2)
利润	=B6-B7		200000	=TABLE(,B2)	=TABLE(,B2)	=TABLE(,B2)	=TABLE(,B2)	=TABLE(,B2)
盈亏平衡点销量	=B3/(B5-B4)		210000	=TABLE(,B2)	=TABLE(,B2)	=TABLE(,B2)	=TABLE(,B2)	=TABLE(,B2)
盈亏平衡点销售额	=B9*B5		220000	=TABLE(,B2)	=TABLE(,B2)	=TABLE(,B2)	=TABLE(,B2)	=TABLE(,B2)
			230000	=TABLE(,B2)	=TABLE(,B2)	=TABLE(,B2)	=TABLE(,B2)	=TABLE(,B2)
			240000	=TABLE(,B2)	=TABLE(,B2)	=TABLE(,B2)	=TABLE(,B2)	=TABLE(,B2)

图 2.26　公式输入

S4：选中区域 D2：J12，选中数据→模拟分析→模拟运算表，打开模拟运算对话框，在“输入引用列的单元格”中输入“ $B $2”（可变量为销售量），确定即可得到计算结果，如图 2.27 所示。

	A	B	C	D	E	F	G	H	I	J
1	盈亏平衡点计算			销售量	固定成本	销售收入	总成本	利润	盈亏平衡点销量	盈亏平衡点销售额
2	销售量	100000			60000	1600000	1060000	540000	10000	160000
3	固定成本	60000		150000	60000	2400000	1560000	840000	10000	160000
4	单位变动成本	10		160000	60000	2560000	1660000	900000	10000	160000
5	单价	16		170000	60000	2720000	1760000	960000	10000	160000
6	销售收入	1600000		180000	60000	2880000	1860000	1020000	10000	160000
7	总成本	1060000		190000	60000	3040000	1960000	1080000	10000	160000
8	利润	540000		200000	60000	3200000	2060000	1140000	10000	160000
9	盈亏平衡点销量	10000		210000	60000	3360000	2160000	1200000	10000	160000
10	盈亏平衡点销售额	160000		220000	60000	3520000	2260000	1260000	10000	160000
11				230000	60000	3680000	2360000	1320000	10000	160000
12				240000	60000	3840000	2460000	1380000	10000	160000

图 2.27　模拟结果

2.4.2　规划求解

规划求解是运筹学的基本计算技能之一，Excel 提供了规划求解专用工具用于解决这类问题。简单来说，Excel 规划求解就是通过更改其他的单元格数据得到给定条件的一个单元格数据。

【例 2.4】某生产企业生产 A、B 两种类型产品，分别需要经过甲、乙两个车间的两个部门加工。甲、乙两个车间的最大生产工时、单位产品工时定额、单位产品边际贡献等数据如表 2.1 所示。

表 2.1　某企业生产 A、B 两种产品的工时

车间	单位产品工时定额/小时 · 件$^{-1}$		最大生产工时/小时
	A 产品	B 产品	
甲	5	10	6000
乙	4	4	4000
单位产品贡献边际	6	8	

要求计算 A、B 两种产品各生产多少件既能将车间生产能力充分利用，也能使贡献边际总额最大化。

假设 A、B 两种产品各生产 X1 和 X2 可以满足要求，即有：

目标函数：max TCM=6X1+8X2

约束条件：
$$\begin{cases} 5X1+10X2<=6000 \\ 4X1+4X2<=4000 \\ X1>=0；X2>=0 \end{cases}$$

求解可得当 A 产品生产 800 件、B 产品生产 200 件时可以达到最大边际总额 6400 元。

采用规划求解的操作步骤如下：

S1：选中文件→选项→加载项→规划求解加载项，加载规划求解工具。

S2：建立 Excel 工作表，输入基本公式和基础数据，如图 2.28 所示。

	A	B	C	D
1				
2		A	B	总额
3	产销量	800	200	
4	单位贡献边际	6	8	
5	贡献边际总额	=B3*B4	=C3*C4	=B5+C5
6	约束条件	=5*B3+10*C3	=4*B3+4*C3	

图 2.28　输入基本公式和基础数据

S3：选择数据→分析→规划求解，打开规划求解对话框进行相应参数设置，如图 2.29 所示。

图 2.29　参数设置

S4：单击"求解"，得到计算结果，如图 2.30 所示。

	A	B	C	D
1				
2		A	B	总额
3	产销量	800	200	
4	单位贡献边际	6	8	
5	贡献边际总额	4800	1600	6400
6	约束条件	6000	4000	
7				

图 2.30　求解结果

2.4.3　单变量求解

一般情况下，我们对事情的分析方法是在当前已经具备的条件下，直接通过模型或者公式推断出结果。单变量求解则是一种逆向的假设性推断，是根据一个已知的目标值和已有的公式，计算出另一个变量。在求解高次方程或复杂公式计算中非常实用。

【例 2.5】已知某项目初始投资为 3000 万元，在第二年追加投资 1000 万元。项目在第一年年末可获得 2000 万元的收入，在第四年年末可获得 4000 万元的收入，在第六年年末可获得 1000 万元的收入。求该项目的内部收益率。

该项目的资金内部收益率满足方程：

$$- 3000 + 1000 (1 + i)^{-1} + 4000 (1 + i)^{-4} + 4000 (1 + i)^{-6} = 0$$

这是一个高次方程，难以求解，可以采用单变量求解。具体操作步骤如下：

S1：在 Excel 数据表输入初始数据。

S2：建立 Excel 公式，如图 2.31 所示。

	A	B
1	内部收益率	0.211320929151837
2	净现值	=-3000+1000*(1+B1)^(-1)+4000*(1+B1)^(-4)+4000*(1+B1)^(-6)

图 2.31　单变量求解

S3：选中数据→模拟分析→单变量求解，打开单变量求解对话框进行设置，其中目标单元格就是公式存放单元格，目标值根据需要设置。如果是求解方程一般设为 0，可变单元格是要计算的变量，如图 2.32 所示。

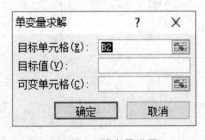

图 2.32　单变量设置

S4：设置好对话框后点击"确定"按钮，即可得到计算结果，如图 2.33 所示。

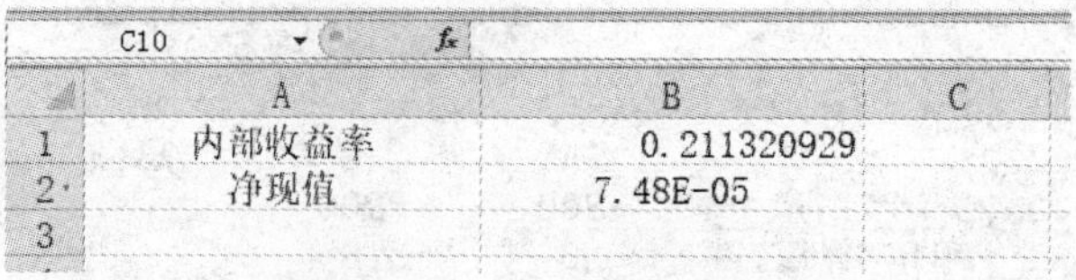

	A	B	C
1	内部收益率	0.211320929	
2	净现值	7.48E-05	
3			

C10 f_x

图 2.33　单变量计算结果

3

Excel 在描述统计中的应用

描述统计是统计学的重要内容之一，无论是总体还是样本，都需要进行描述分析，通过数据规律研究事物发展规律。在描述统计分析中常用的分析方法包括数据的预处理技术、统计图表工具、描述指标等内容。

3.1 统计数据分组和整理

统计分组是根据事物内在的特点和统计研究的需要，将统计总体按照一定的标志区分为若干组成部分的统计方法。其目的是，把同质总体中的具有不同性质的单位分开，把性质相同的单位合在一起，保持各组内统计资料的一致性和组间资料的差异性。利用统计分组可以制作频数分布表和频数分布图。

3.1.1 频数统计（countif 函数和 frequency 函数）

在统计分组研究中，我们需要统计每个分组的频数，可以用 countif 函数和 frequency 函数进行频数统计。

一般当分组标志是品质标志时应使用 countif 函数，当分组标志是数量标志时应使用 frequency 函数。

【例 3.1】某学院某系某毕业班学生共有 30 人，他们的毕业就业情况如表 3.1 所示。试编制此调查数据的频数分布表。

表 3.1 毕业生就业情况

编号	性别	年龄	工作单位	编号	性别	年龄	工作单位
1	男	24	事业单位	16	男	23	企业
2	男	21	企业	17	男	23	国家机关

编号	性别	年龄	工作单位	编号	性别	年龄	工作单位
3	女	22	事业单位	18	女	19	企业
4	女	23	事业单位	19	男	22	事业单位
5	男	21	企业	20	女	22	企业
6	男	21	企业	21	男	22	企业
7	女	22	国家机关	22	女	20	自主创业
8	女	20	企业	23	男	20	企业
9	男	23	事业单位	24	女	23	企业
10	女	23	企业	25	女	23	企业
11	女	24	企业	26	男	24	事业单位
12	男	21	企业	27	女	21	企业
13	女	23	企业	28	男	20	国家机关
14	男	23	事业单位	29	女	20	企业
15	女	20	企业	30	男	21	企业

该问题是品质标志分组，我们可以采用 countif 函数实现。其基本操作步骤如下：

S1：在工作表适当区域输入"单位性质"和"就业人数"。

S2：在"单位性质"列输入各种单位性质，即事业单位、企业、国家机关、自主创业。

S3：选中就业人数列组对应列，插入函数 countif。

S4：输入函数参数，同时按下 Ctrl+Shift+Enter 键，即可得到频数分布表，如图 3.1 所示。

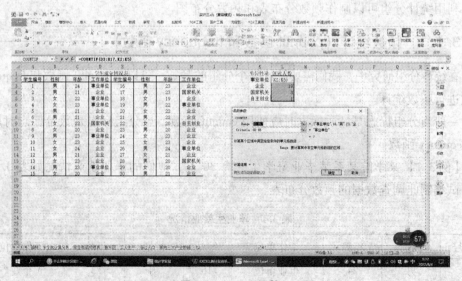

图 3.1　countif 函数

【例 3.2】某班 50 名学生的英语成绩如表 3.2 所示，试编制此调查数据的频数分布表。

表 3.2　某班 50 名学生的英语成绩　　　　　　　　　　单位：分

学号	成绩	学号	成绩
03101	78	03126	75
03102	89	03127	84
03103	92	03128	77
03104	66	03129	66
03105	80	03130	90
03106	52	03131	73
03107	77	03132	78
03108	96	03133	84
03109	63	03134	66
03110	82	03135	59
03111	80	03136	63
03112	75	03137	80
03113	48	03138	90
03114	74	03139	74
03115	63	03140	66
03116	71	03141	81
03117	88	03142	70
03118	90	03143	66
03119	67	03144	74
03120	71	03145	82
03121	88	03146	75
03122	56	03147	80
03123	60	03148	81
03124	72	03149	66
03125	55	03150	78

该分组是数值型数据分组，我们可以采用 frequency 函数编制其频数分布表。其基本操作步骤如下：

S1：在适当位置输入"分组""分组组限"和"人数"，并将分组按照从小到大升序排列，即 60 分以下、60~70 分、70~80 分、80~90 分、90 分以上，分组组限分别设为该组最大可能取值（包括该取值）。

S2：选中存放频数的区域，插入函数 frequency。

S3：在对话框进行参数设置后，同时按下 Ctrl+Shift+Enter 键，即可得到频数分布表，如图 3.2 所示。

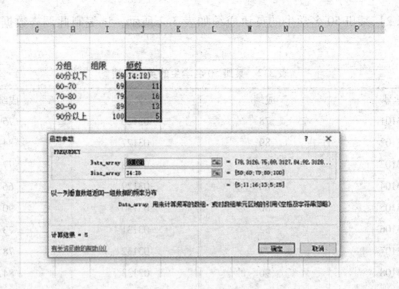

图 3.2 frequency 函数

【注】频数计算属于数组操作，不能直接按"确定"按钮，需要采用数组操作组合键。

3.1.2 "直方图"分析工具的使用

"直方图"分析工具是一个用于确定数据的频数分布、累计频数分布，并提供直方图的分析模块。它在给定工作表中数据单元格区域和接收区间的情况下，计算数据的频数和累积频数。

【例 3.3】承【例 3.2】以某班学生的英语成绩表编制此调查数据的频数分布表。其基本操作步骤如下：

S1：在"工具"菜单中，单击"数据分析"选项，弹出"数据分析"窗口，如图 3.3 所示。

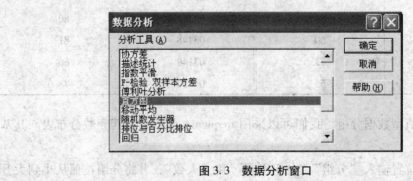

图 3.3 数据分析窗口

S2：在"分析工具"列表框中，单击"直方图"分析工具，则会弹出"直方图"对话框，如图 3.4 所示。

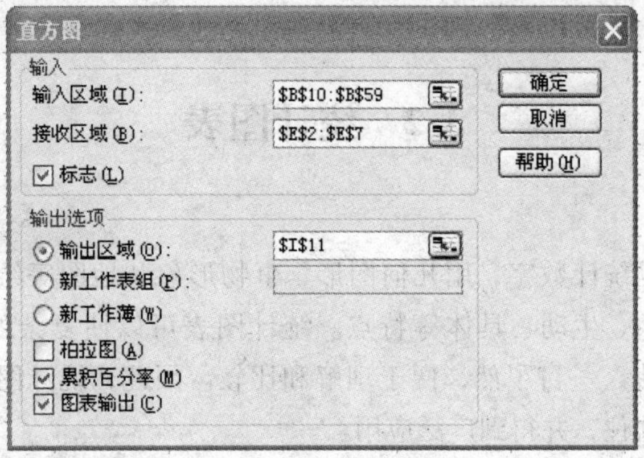

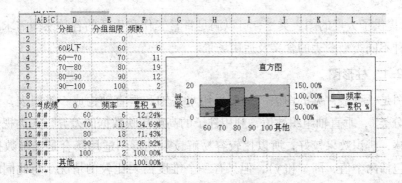

图 3.4　直方图的设置

S3：选择输入选项。其中，输入区域是指在此输入待分析数据区域的单元格引用，接收区域表示分组标志所在的区域，在此输入接收区域的单元格引用，该区域应包含一组可选的用来定义接收区间的边界值，这些值应当按升序排列，如本例中的"分组组限"。关于这一点，与前面所讲的 frequency 函数一致。

在输入区域中，输入"B10：B59"；选好接收区域的内容：E2：E7。

S4：选择输出选项。输出选项中可选择输出区域、新工作表或新工作簿。在这里选择输出区域，既可以直接选择一个区域，也可以直接输出一个单元格。该单元格代表输出区域的左上角，这里常常只输入一个单元格，如本例中的 $I11，因为我们往往事先并不知道具体的输出区域有多大。

输出选项中还有以下选项：

柏拉图：选中此复选框，可以在输出表中同时按降序排列频率数据。如果此复选框被清除，Excel 将只按升序来排列数据。

累积百分比：选中此复选框，可以在输出表中添加一列累积百分比数值，并同时在直方图表中添加累积百分比折线。如果清除此选项，则会省略累积百分比。

图表输出：选中此复选框，可以在输出表中同时生成一个嵌入式直方图表。

本例中，我们选中"累积百分比"和"图表输出"两个复选框。

S5：单击"确定"按钮，可得输出结果，如图 3.5 所示。

图 3.5　直方图的输出

3.2　统计图表

统计图表是根据统计数字，用几何图形、事物形象和地图等绘制的各种图形和表格，具有直观、形象、生动、具体等特点。统计图表可以使复杂的统计数字简单化、通俗化、形象化，使人一目了然，便于理解和比较。因此，统计图表在统计资料整理与分析中占有重要地位，并得到广泛应用。

3.2.1　图表概述

统计表一般采用三线表，根据事物特征数据直接绘制即可。统计图用直观和形象的形式将复杂的统计数据表现出来。统计图是利用点、线、面、体等绘制成几何图形，以表示各种数量间的关系及变动情况的工具，表现统计数字大小和变动的各种图形总称。在统计学中把利用统计图形表现统计资料的方法叫作统计图示法，它具有形象具体、简明生动、通俗易懂、一目了然等特点。统计图示法可以用于表示现象间的对比关系、揭示总体结构、检查计划的执行情况、揭示现象间的依存关系、反映总体单位的分配情况、说明现象在空间上的分布情况等。一般采用直角坐标系，横坐标用来表示事物的组别或自变量 x，纵坐标用来表示事物出现的次数或因变量 y；或采用角度坐标（如圆形图）、地理坐标（如地形图）等。按图尺的数字性质分类有实数图、累积数图、百分数图、对数图、指数图等；其结构包括图名、图目（标题）、图尺（坐标单位）、各种图线（基线、轮廓线、指导线等）、图注（图例说明、资料来源等）等。

通过统计图，有些显性规律可以直观地看出来，即使是隐性规律也需要绘制统计图。根据一个特定的数据系列，可以做出若干不同的图形，从不同角度表现数据间的关系。要想直观、准确、有效地表现数据间的关系，必须对各种图表的绘制方法、适用场合有所了解，正确选择图表类型。

3.2.2　图表类型

Excel 提供了大量的图表类型，可以满足日常工作和生活的各种绘图需求。下面具体介绍每种不同类型图表的含义及适用场景。

3.2.2.1　柱形图

柱形图是一种最常见的图表，一般采用水平轴和垂直轴构成二维图表，水平轴组织类别（分类），垂直轴组织数值，利用柱子的高度反映数据的差异。人类视觉对高度差异很敏感，辨识效果较好，所以比较容易解读。柱形图适用场合是二维数据集（每个数据点包括两个值，即 x 和 y），但只有一个维度需要比较的情况。与此同时，柱形图局限于处理小规模数据集。

通常，柱形图也可以用于显示一段时间内数据的变化，即柱形图的 X 轴是时间维的，用户习惯性认为存在时间趋势（但表现趋势并不是柱形图的情形）。遇到 X 轴不是时间维的情况、如需要用柱形图来描述各项之间的比较情况，可以用颜色区分每根柱子，改变用户对时间趋势的关注。图 3.6 是 8 大主流生产商 1 月销售情况的柱形图。

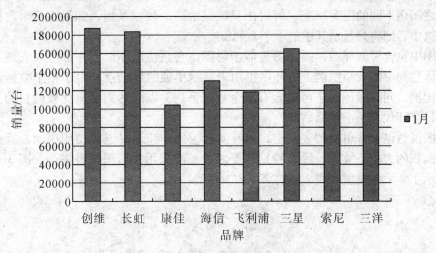

图 3.6　柱形图

3.2.2.2　折线图

折线图也是常见的图表类型. 它是将同一数据系列的数据点在图上用直线连接起来，一般以等间隔显示数据的变化趋势。折线图适合二维的大数据集，尤其是那些趋势比单个数据点更重要的场合。折线图可以显示随时间而变化的连续数据（根据常用比例设置），它强调的是数据的时间性和变动率，因此非常适用于显示在相等时间间隔下数据的变化趋势，故又称为时间序列图。在折线图中，类别数据沿水平轴均匀分布，所有的数据沿垂直轴均匀分布。

折线图也适合多个二维数据集的比较，如比较多个产品在同一时期内的销售情况、多个班级不同学期考试变化比较等。不管是用于表现一组或多组数据的大小变化趋势，在折线图中数据的顺序都非常重要，通常数据之间有时间变化关系才会使用折线图。图 3.7 显示了创维在 1~3 月的销售情况。

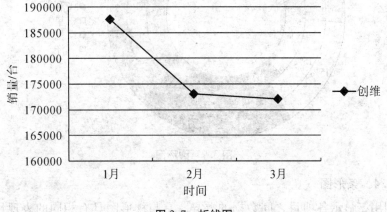

图 3.7　折线图

3.2.2.3 饼图

饼图一般用于反映某个部分占整体的比例关系。一般情况下，饼图会先将某个数据系列中的单独数据转为数据系列总和的百分比，然后按照百分比绘制在一个圆形上，数据点之间用不同的图案填充。但饼图只能显示一个数据系列，如果有几个数据系列同时被选中，则将只显示其中的一个系列。

饼图中包含了圆环图，圆环图类似于饼图，它是使用环形的一部分来表现一个数据在整体数据中的大小比例。圆环图也用来显示单独的数据点相对于整个数据系列的关系或比例，同时圆环图还可以含有多个数据系列，以此达到多重比较的目的。圆环图中的每个环代表一个数据系列。

饼图虽然也是常用的图表类型，但在实际应用中应尽量避免使用饼图，因为人的肉眼对面积的大小不敏感，除非特别需要之外一般采用柱形图代替饼图。图 3.8 采用饼图显示了 8 大主流生产商 1 月的市场占有率。

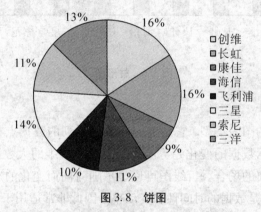

图 3.8 饼图

图 3.9 采用圆环图显示了 8 大主流生产商 1~3 月的分月市场占有率情况。

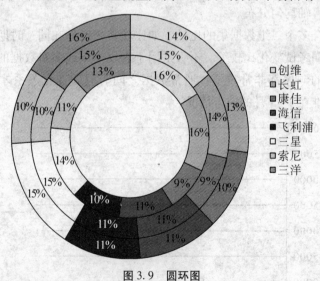

图 3.9 圆环图

3.2.2.4 条形图

条形图用于显示各项目之间数据的差异，它与柱形图具有相同的表现目的，区别在于：柱形图是在水平方向上依次展示数据，条形图是在垂直方向上依次展示数据。

条形图描述了各项目之间的差别情况，分类项垂直表示，数值项水平表示，这样可以突出数值的比较而淡化随时间的变化。

通常，条形图应用于轴标签过长的图表的绘制，以免出现柱形图中对长分类标签省略的情况。一般情况下，条形图和柱形图可以相互转换。图 3.10 采用条形图显示了 8 大主流生产商 1~3 月的销售情况。

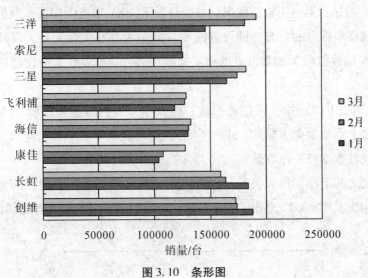

图 3.10　条形图

3.2.2.5　面积图

面积图与折线图类似，也可以显示多组数据系列，只是将连线与分类轴之间用图案填充，主要用于表现数据的变化趋势。但不同的是：折线图只能单纯地反映每个样本的变化趋势，如某产品每个月的变化趋势；而面积图除了可以反映每个样本的变化趋势外，还可以显示总体数据的变化趋势，即面积。

面积图可用于绘制随时间发生的变化量，常用于引起人们对总值趋势的关注。通过显示所绘制值的面积总和，面积图还可以显示部分与整体的关系。面积图强调的是数据的变动量而不是时间的变动率。图 3.11 采用面积图列出了 8 大主流生产商 1~3 月的销售情况。

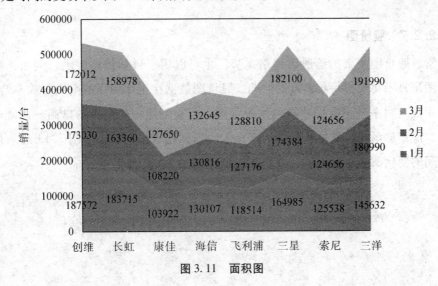

图 3.11　面积图

3.2.2.6 XY 散点图

XY 散点图主要用来显示单个或多个数据系列中各数值之间的相互关系，或者将两组数据绘制为 X 轴和 Y 轴坐标的一个系列，主要用于事物之间的相关关系分析。

XY 散点图有两个数值轴，沿横坐标轴（X 轴）方向显示一组数值数据，沿纵坐标轴（Y 轴）方向显示另一组数值数据。一般情况下，XY 散点图用这些数值构成多个坐标点，通过观察坐标点的分布，即可判断变量间是否存在关联关系，以及相关关系的强度。一般 X 轴数值和 Y 轴数值可以相互交换位置，也就是说，要比较两列数据是对称的。

XY 散点图也可以适用于三维数据集，但其中只有两维需要比较（为了识别第三维，可以为每个点加上文字标示，或者不同颜色）。常用于显示和比较成对的数据，如科学数据、统计数据和工程数据等。

如果事物之间不存在相关关系，也可以使用散点图来总结特征点的分布模式，即矩阵图（象限图）。图 3.12 列出了各个厂家之间 2 月和 3 月的销售量之间的相关性。

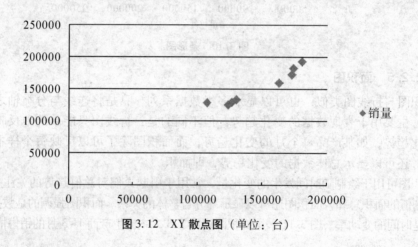

图 3.12 XY 散点图（单位：台）

3.2.2.7 股价图

通常，股价图用来描绘股票价格走势，也可以用于科学数据展示。例如，可以使用股价图来显示每天或每年温度的波动。股价图数据在工作表中的组织方式非常重要，必须按正确的顺序组织数据才能创建股价图。若要创建一个简单的盘高—盘低—收盘股价图，应根据盘高、盘低和收盘次序输入的列标题来排列数据。图 3.13 是某只股票一段时间的变化图。

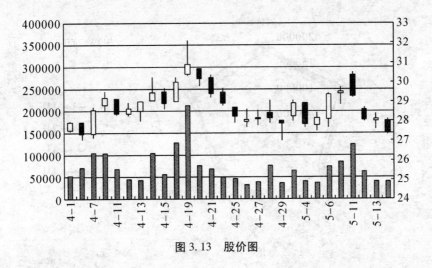

图 3.13　股价图

3.2.2.8　曲面图

曲面图显示的是连接一组数据点的三维曲面。当需要寻找两组数据之间的最优组合时，可以使用曲面图进行分析。曲面图好像一张地质学的地图，曲面图中的不同颜色和图案表明具有相同范围值的区域。与其他图表类型不同，曲面图中的颜色不是用于区别数据系列而是用于区别数据值的。图 3.14 显示了某只股票连续 10 个交易日最高价和最低价的曲面变化。

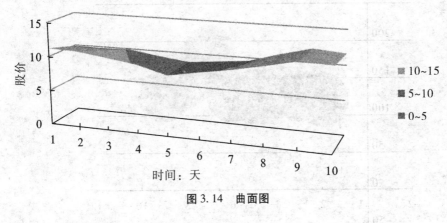

图 3.14　曲面图

3.2.2.9　雷达图

雷达图，又称为戴布拉图、蜘蛛网图。它用于显示独立数据系列之间及某个特定系列与其他系列的整体关系。每个分类都拥有自己的数值坐标轴，这些坐标轴同中心点向外辐射，并由折线将同一系列中的值连接起来。

雷达图中，面积越大的数据点，表示其重要程度越高。雷达图适用于多维数据（四维以上），且每个维度必须可以排序。但是，它有一个局限，就是数据点最多 6 个，否则无法辨别，因此适用场合非常有限。而且很多用户不熟悉雷达图，阅读有困难。使用时应尽量加上说明，以减轻阅读的负担。图 3.15 列出了 6 大生产商 1~4 月的销售情况。

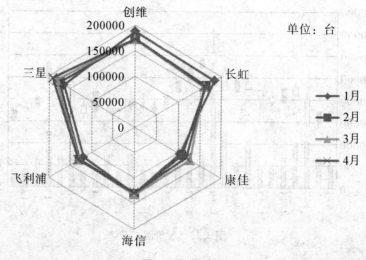

图 3.15　雷达图

3.2.2.10　气泡图

气泡图是散点图的一种变体，可以反映 3 个变量（X、Y、Z）的关系，反映到气泡图中就是气泡面积的大小。这样就解决了在二维图中难以表达三维关系的问题，如图 3.16 所示。

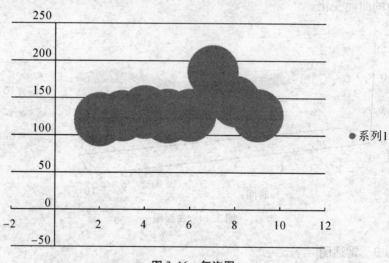

图 3.16　气泡图

3.2.2.11　组合图

组合图是在一个图表中应用了多种图表类型的元素来同时展示多组数据。组合图可以使得图表类型更加丰富，还可以更好地区别不同的数据，并强调不同数据关注的侧重点。例如，可以应用柱形图和折线图构成的组合图既表示分类别数据也表示变化趋势，如图 3.17 所示。

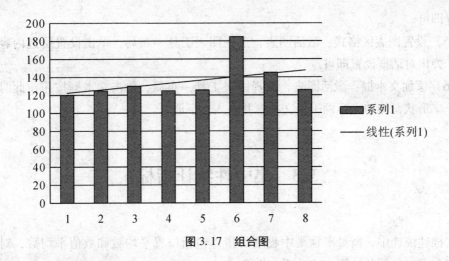

图 3.17　组合图

3.2.2.12　其他图表

在 Microsoft Excel 2010 之后的版本陆陆续续推出了包括地图、树状图、旭日图、直方图、箱型图、瀑布图、漏斗图等形式的图表类型，大大提高了其实用性。

3.2.3　图表操作

根据图表放置方式的不同，可以分为嵌入式图表和工作表图表，其操作方式大同小异。图表操作包括创建图表、修改图表、编辑图表等。

3.2.3.1　创建图表

创建图表的基本操作步骤如下：

S1：打开准备创建图表的工作簿文件，选择用来创建图表的数据区域。

S2：选择"插入"选项卡，单击"图表"，选择合适的图表类型即可。

3.2.3.2　修改图表

修改图表的基本操作步骤如下：

S1：激活需要改变的图表；

S2：单击鼠标右键，选择"更改图表类型"。

S3：重新选择合适的图表类型，确定即可。

3.2.3.3　编辑图表

一个完整的图表包括标题、坐标系、图例等基本要素，默认添加的图表要素比较简单，可以通过编辑添加相应的图表要素，使图表美观形象。

（1）调整图表位置：选中图表，待光标呈现十字箭头时拖曳到适当位置即可。

（2）添加图表标题：激活图表，选择图表工具→布局，单击图表标题打开对话框设置即可。

（3）添加图表网格线：激活图表，选择图表工具→布局，单击网格线打开对话框设置即可。

（4）添加数据系列：激活图表，选择图表工具→设计，单击选择数据，弹出对话框设置即可。

（5）设置图表区格式：激活图表，选择图表工具→布局，单击设置所选内容格式按钮，弹出对话框设置即可。

（6）添加文本框：激活图表，选择图表工具→布局，单击文本框按钮，此时光标变成十字形状，拖动光标画一个文本框并输入文字即可。

3.3　集中性统计指标

在描述统计中，衡量事物集中程度的指标包括位置平均数和数值平均数，对于原始数据和分组数据的计算方式是不一样的。

3.3.1　原始数据

对于原始数据，知道统计数据的数据类型、数据值和数据个数，可以直接使用函数和公式计算相应的集中性指标。

（1）众数。众数是指一组数中出现次数最多的数，可以直接使用函数 mode 统计众数。例如，函数"=mode(1,2,2,3,4,5)"的输出结果为2。

（2）中位数。中位数是指经过排序后处于中间位置的数，可以使用函数 median 直接求中位数。例如，函数"=median(1,2,2,3,4,5,6)"的输出结果为3。

（3）分位数。分位数是指将一组数分为若干等份，前提是需要先排序。Excel 提供了四分位数计算函数 quartile。例如，函数"=quartile({1,2,2,3,5,7,9},1)"输出结果为2。

（4）算术平均数。算术平均数是最简单也是最实用的集中性指标，用 average 函数计算。例如，函数"=average(2,3,4,5,6)"的输出结果为4。

（5）调和平均数。调和平均数是算术平均数的变形，Excel 提供了简单的调和平均数计算函数 harmean，实质是所有参数倒数平均值的倒数，要求参与运算的数是正数。例如，函数"=harmean(2,3,4)"的输出结果为2.7692。其数学计算公式为

$$\frac{1}{\dfrac{\dfrac{1}{2}+\dfrac{1}{3}+\dfrac{1}{4}}{3}}。$$

（6）几何平均数。几何平均数用于计算比率数据、序时数据平均值，函数 geomean 用于计算几何平均数。例如，函数"=geomean(1.05,1.06,1.08)"的输出结果为1.06326。其数学计算过程为 $\sqrt[3]{1.05 \times 1.06 \times 1.08}$。

3.3.2　分组数据

分组数据一般表现为经过整理后得到的频数分布列，具体原始资料未知，测度指

标大多数都是通过公式近似计算。

3.3.2.1 众数

众数的计算首先需要判断众数所在的分组，判断依据是频数最高的组就是众数所在分组，然后进行近似计算。其计算公式为

$$Mo = L + \frac{\Delta_1}{\Delta_1 + \Delta_2} \times i$$

或

$$Mo = U - \frac{\Delta_2}{\Delta_1 + \Delta_2} \times i$$

其中：Mo 是众数，L 是众数所在分组组限下限，U 是众数所在分组组限上限，Δ_1 是众数所在分组向上累计前一分组频数，Δ_1 是众数所在分组向上累计后一分组频数，i 为众数所在组的组距。

【例 3.4】某村落人口数统计频数分布如表 3.3 所示，计算村落人口的众数。

表 3.3   人口分布

按人口数分组	频数
1600 以下	4
1600~1700	6
1700~1800	12
1800~1900	15
1900~2000	3
合计	40

首先判断众数所在分组为 1800~1900，然后输入公式："= 1800+(15-12)/(15-12+15-3) * 100"或者"= 1900-(15-3)/(15-12+15-3) * 100"，可以得到众数 1820。

3.3.2.2 中位数

分组数据中位数计算首先判断中位数所在分组，判断方法是看累计频数 $\frac{\sum f + 1}{2}$ 属于哪个分组，中位数就在哪个分组；然后利用近似公式计算。其计算公式为

$$Me = L + \frac{\frac{N}{2} - S_{m-1}}{f_m} \times i$$

或

$$Me = U - \frac{\frac{N}{2} - S_{m+1}}{f_m} \times i$$

其中，Me 是中位数，L 是中位数所在分组组限下限，U 是中位数所在分组组限上限，N 为总频数，f_m 为中位数所在分组的频数，S_{m-1} 和 S_{m+1} 分别是向上累计中位数所在分组前

一分组累计值和向下累计中位数所在分组后一分组累计值，i 为中位数所在分组的组距。

利用【例 3.4】中的数据，首先可以判断中位数所在分组为 1700~1800，因为 $\frac{40+1}{2}=20.5$，累计频数 20.5 应该在 1700~1800 分组；然后，在需要存放中位数结果的单元格输入公式 " =1700+(40/2-(4+6))/12*100" 或者 " =1800-(40/2-(3+15))/12*100"，可以得到中位数 1783.333。

3.3.2.3 分位数

首先判断分位数所在分组，然后判断分位数所在分组的位置：

$$\text{Position} = \frac{P\left(\sum f + 1\right)}{M}$$

其中：Position 为分位数所在位置；M 为分位数类型，如四分位数 $M=4$，百分位数 $M=100$；P 为分位数序号，从 $1\cdots\cdots M-1$；$\sum f$ 为分布列总频数。

分位数的计算公式为

$$\text{Quantile Value} = L + \frac{\frac{P \times \sum f}{M} - S_{m-1}}{f_m} \times i$$

或

$$\text{Quantile Value} = U - \frac{\frac{(M-P) \times \sum f}{M} - S_{m+1}}{f_m} \times i$$

其中，Quantile Value 为分位数的值，L 是分位数所在分组组限下限，U 是分位数所在分组组限上限，M 为分位数类型，P 为分位数序号，$\sum f$ 为分布列总频数，S_{m-1} 为向上累计分位数所在分组前一分组的累计值，S_{m+1} 为向下累计分位数所在分组后一分组的累计值，i 为分位数所在分组的组距。

利用【例 3.4】中的数据，如果求第三个四分位数，首先判断其位置为 $\frac{3 \times 40 + 1}{4}=$ 30.25，应该在 1800~1900 分组，然后在适当位置输入公式：

=1800+(3*40/4-(4+6+12))/15*100 或者 =1900-((4-3)*40/4-3)/15*100 得到上四分位数为 1853.333。

3.3.2.4 加权平均数

分组数据一般采用加权平均法计算其平均值。其基本步骤如下：

S1：计算每个分组的组中值。

S2：计算每个分组的数据和，一般用 xf 计算。

S3：计算所有数据的总和 $\sum xf$。

S4：计算平均值 $\sum xf / \sum f$。

利用【例 3.4】中的数据计算出的加权平均值如表 3.4 所示。

表 3.4 加权平均值计算

按人口分组	频数(f)	组中值(x)	xf
1600 以下	4	1550	6200
1600~1700	6	1650	9900
1700~1800	12	1750	21000
1800~1900	15	1850	27750
1900~2000	3	1950	5850
合计	40		70700

最终得到其加权平均值：70700/40 = 1767.5。

3.4 离散性统计指标

离散性统计指标包括极差、内距、平均差、方差、标准差、离散系数等。

3.4.1 原始数据

对于原始数值型数据，知道统计数据的原始值和数据个数，可以直接使用函数和公式计算相应的离散性指标。

3.4.1.1 极差

极差是极值之差，其计算公式为

$$R = \max(x_i) - \min(x_i)$$

例如，数列 2，3，4，6，8 的极差可以用公式：=max(2,3,4,6,8)-min(2,3,4,6,8) 计算得到。

3.4.1.2 内距

内距是上四分位数和下四分位数之差，其计算公式为

$$IQR = Q_U - Q_L$$

例如，由数组 2，3，4，6，8，10，15，16，17，18 组成的数列的内距可以用公式："=QUARTILE({2,3,4,6,8,10,15,16,17,18},3)-QUARTILE({2,3,4,6,8,10,15,16,17,18},1)" 计算得到。

3.4.1.3 平均差

平均差是总体所有单位与其算术平均数的离差绝对值的算术平均数，反映全体变量差异度大小，是一个较好的离散型指标。其计算公式为

$$A. \quad D = \frac{|x - \bar{x}|}{n}$$

对于原始数据，平均差可以直接用函数 avedev 计算，如数列 2，3，6，8，10 的平均差可以用公式"= avedev(2,3,6,8,10)"计算，输出结果为 2.64。

3.4.1.4 方差和标准差

方差是衡量源数据和期望值相差的度量值。方差是衡量随机变量或一组数据时离散程度的重要度量指标。概率论中的方差用来度量随机变量和其数学期望（均值）之间的偏离程度。统计中的方差（样本方差）是每个样本值与全体样本值的平均数之差的平方和的平均数。方差的计算公式为

$$样本方差：s^2 = \frac{\sum (x - \bar{x})^2}{n - 1}$$

$$总体方差：\sigma^2 = \frac{\sum (x - \bar{x})^2}{n}$$

方差的平方根是标准差，标准差的计算公式为

$$样本标准差：s = \sqrt{\frac{\sum (x - \bar{x})^2}{n - 1}}$$

$$总体标准差：\sigma = \sqrt{\frac{\sum (x - \bar{x})^2}{n}}$$

Excel 提供了标准差计算函数 stdev（或 stdev. s）和 stdevp（或 stdev. p）分别计算样本标准差和总体标准差。函数没有实质性差别，只是和以前版本的兼容性不同。例如，要计算数列 2，3，6，8，10 的标准差，如果看成总体可以用公式"= stdev.P(B1：B5)"，如果看成样本可以用公式"= stdev.s(B1：B5)"。

此外，Excel 还提供了函数 stdeva 和 stdevpa，也可以计算总体和样本的标准差，只是如果参数里面出现逻辑值或文本，也要参与计算。

3.4.1.5 离散系数

离散系数又称为变异系数，是衡量资料中各观测值变异程度的一个统计量。当进行两个或多个资料变异程度的比较时，如果度量单位与平均数相同，可以直接利用标准差来比较。如果单位和（或）平均数不同时，比较其变异程度就不能采用标准差，而需采用标准差与平均数的比值（相对值）来比较。离散系数的计算公式为：

$$V = \frac{s}{\bar{x}}$$

或

$$V = \frac{\sigma}{\bar{x}}$$

可以利用公式计算离散系数，如数列 2，3，6，8，10 的离散系数，我们可以利用公式"= stdev(2,3,6,8,10)/average(2,3,6,8,10)"计算得到。

3.4.2　分组数据

对于分组数据，离散性指标需要列表分别利用不同的公式组合计算。仍然以【例3.4】作为基础资料分别计算内距、平均差、标准差和离散系数。

3.4.2.1　内距

分组数据内距需要分别计算上四分位数和下四分位数。利用3.3.2计算分位数的方法计算上四分位数和下四分位数，然后做差即可得到内距。

3.4.2.2　平均差

首先，计算该分组数据的平均值，见3.3.2部分。

然后，列表计算，计算过程如下：

S1：在 A1：B7 区域输入原始数据。

S2：将平均值计算结果放入单元格 B10。

S3：在 C2：C6 将各组中位数（组中值）计算并存入相应单元格。

S4：在 D2 单元格输入公式"=C2-\$B\$10"计算离差，并复制公式并填充所在列 D2：D6 单元格。

S5：在 E2 单元格输入公式"=ABS(D2)"，计算离差绝对值，并复制公式并填充所在列 E2：E6 单元格。

S6：在 F2 单元格输入公式"=E2*B2"，计算该组全部数据的总离差，并复制公式并填充所在列 F2：F6 单元格。

S7：在 F7 单元格输入公式"=SUM（F2：F6）"计算总离差和。

其计算结果如图 3.18 所示。

	A	B	C	D	E	F
1	按人口数分组	频数f	中位数x	离差	离差绝对值	分组总离差
2	1600以下	4	1550	-217.5	217.5	870
3	1600-1700	6	1650	-117.5	117.5	705
4	1700-1800	12	1750	-17.5	17.5	210
5	1800-1900	15	1850	82.5	82.5	1237.5
6	1900-2000	3	1950	182.5	182.5	547.5
7	合计	40				3570
8						
9						
10	平均值	1767.5				
11	平均差	89.25				

图 3.18　分组数据平均值和平均差计算

最后，计算平均差，在单元格 B11 输入公式"=F7/B7"，得到平均差：3750/40=93.75。

3.4.2.3　标准差（方差）

首先，计算该分组数据的平均值（为1767.5）。

然后，列表计算，计算过程如下：

S1：在 A1:B7 区域输入原始数据。

S2：将平均值计算结果放入单元格 B10。

S3：在 C2:C6 将各组中位数（组中值）计算并存入相应单元格。

S4：在 D2 单元格输入公式"=C2-B10"计算离差，并复制公式并填充所在列 D2:D6 单元格。

S5：在 E2 单元格输入公式"=D2 * D2"，计算离差平方，并复制公式并填充所在列 E2:E6 单元格。

S6：在 F2 单元格输入公式"=E2 * B2"，计算该组全部数据的总离差平方和，并复制公式并填充所在列 F2:F6 单元格。

S7：在 F7 单元格输入公式"=SUM(F2:F6)"，计算该组全部数据的总离差平方和。其计算结果如图 3.19 所示。

	A	B	C	D	E	F
1	按人口数分组	频数f	中位数x	离差	离差平方	分组平方和
2	1600以下	4	1550	-217.5	47306.25	189225
3	1600-1700	6	1650	-117.5	13806.25	82837.5
4	1700-1800	12	1750	-17.5	306.25	3675
5	1800-1900	15	1850	82.5	6806.25	102093.75
6	1900-2000	3	1950	182.5	33306.25	99918.75
7	合计	40				477750
8						
9						
10	平均值	1767.5				
11	方差	11944				
12	标准差	109.29				
13	标准差系数	0.0618				

图 3.19　分组数据方差计算

最后，计算方差和标准差，在单元格 B11 输入公式"=F7/B7"得到方差（为 11944），在单元格 B12 输入公式"=SQRT(B11)"得到标准差（为 109.29）。

3.4.2.4　离散系数

根据上述标准差计算过程，增加一个公式"=B12/B10"即可以得到标准差（为 0.0618）。

3.5　其他描述性指标的计算

3.5.1　峰度

峰度又称为峰态系数，表征概率密度分布曲线在平均值处峰值高低的特征数。直观看来，峰度反映了峰部的尖度。样本的峰度是和正态分布相比较而言所得的统计量，如果峰度大于 0，峰的形状比较尖，比正态分布峰要陡峭，属于尖峰分布；反之，属于扁平分布。在统计学中，峰度高意味着方差增大是由低频度的大于或小于平均值的极端差值引起的。峰度的计算公式为

$$K = \frac{\sum (x - \bar{x})^4 f}{\sum f \cdot s^4} - 3$$

对于原始数据，峰度系数可以直接用函数 kurt 计算。如果要计算数列 7，8，9，10，15，23，26 的峰度系数，可以用公式"=kurt(7,8,9,10,15,23,26)"获得。

对于分组数据，可以通过列表的方式计算得到，如图 3.20 所示。

	A	B	C	D	E	F
1	按人口数分组	频数f	中位数x	离差	离差三次方	离差四次方
2	1600以下	4	1550	-217.5	-41156438	8951525156
3	1600-1700	6	1650	-117.5	-9733406	1143675234
4	1700-1800	12	1750	-17.5	-64312.5	1125468.75
5	1800-1900	15	1850	82.5	8422734.4	694875585.9
6	1900-2000	3	1950	182.5	18235172	3327918867
7	合计	40			-24296250	14119120313
8						
9						
10	平均值	1767.5				
11	标准差	109.29				
12	偏度	-0.465				
13	峰度	-0.526				

图 3.20 峰度、偏度计算

利用【例 3.4】的资料，计算过程如下：

S1：在 A1：B7 区域输入原始数据。

S2：将平均值的计算结果放入单元格 B10。

S3：将标准差的计算结果放入单元格 B11。

S4：在 C2：C6 将各组中位数（组中值）的计算并存入相应单元格。

S5：在 D2 单元格输入公式"=C2－B10"计算离差，复制公式并填充所在列 D2：D6 单元格。

S6：在 E2 单元格输入公式"=D2^3＊B2"，计算离差的三次方，复制公式并填充所在列 E2：E6 单元格。

S7：在 F2 单元格输入公式"=D2^4＊B2"，计算离差的四次方，复制公式并填充所在列 F2：F6 单元格。

S7：在 E7、F7 单元格求和计算总离差和。

S8：在 B13 单元格中输入公式"=F7/(B7＊B11^4)-3"计算峰度。

3.5.2 偏度

偏度（Skewness）又称偏态、偏态系数，表征概率分布密度曲线相对于平均值不对称程度的特征数。偏度是统计数据分布偏斜方向和程度的度量，是统计数据分布非对称程度的数字特征。直观看来，偏度是密度函数曲线尾部的相对长度。如果 SK＝0，均匀分布；如果 SK>0，右（正）偏分布；如果 SK<0，左（负）偏分布。其计算公式为

$$SK = \frac{\sum (x - \bar{x})^3 f}{\sum f \cdot s^3}$$

对于原始数据，偏度系数可以直接用函数 skew 计算。如果要计算数列 7，8，9，10，15，23，26 的峰度系数，可以用公式"=skew(7,8,9,10,15,23,26)"获得。

对于分组数据资料，偏度计算和峰度计算大同小异，只是最后一步公式需要调整为：=E7／（B7＊B11^3）。

3.6 利用 Excel 数据分析功能计算描述统计量

描述统计分析工具可以对原始数据系列直接进行多指标分析，可以通过数据→分析，打开分析工具，选择描述统计进行对话框设置即可，如图 3.21、图 3.22 所示。

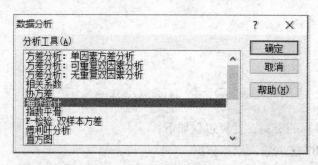

图 3.21 描述统计工具

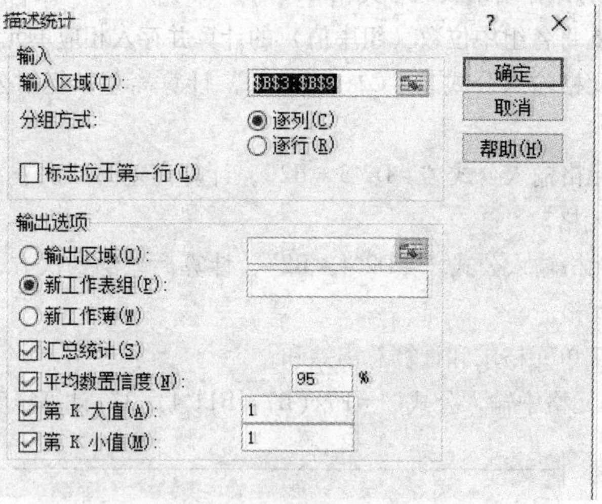

图 3.22 描述统计设置

【例 3.5】现有 300 名员工，从中随机抽取 30 名员工的工资进行统计，具体资料为 3569、3107、3013、2187、1848、1689、1368、1342、1256、1133、1157、1082、1088、2874、2310、1762、3172、1939、1851、1480、1424、1354、1700、1097、2003、3133、3176、1459、1097、1396，使用描述统计工具对工资进行统计。

在 A1 单元格输入"员工工资"，在 A2～A31 输入原始数据资料，然后打开描述统计对话框，输入相关参数，得到如图 3.23 所示的输出结果。

员工工资	
平均	1903.1
标准误差	142.13
中位数	1694.5
众数	1097
标准差	778.49
方差	606044
峰度	-0.646
偏度	0.8403
区域	2514
最小值	1082
最大值	3596
求和	57093
观测数	30
最大(1)	3596
最小(1)	1082
置信度(95	290.69

图 3.23　描述统计分析结果

输出结果指标的基本含义如下所示：

（1）平均：数据算术平均值，计算公式为 $\bar{x} = \dfrac{\sum x}{n}$。

（2）标准误差：数据抽样平均值的标准误差，计算公式为 $\sigma_{\bar{x}} = \dfrac{s}{\sqrt{n}}$。

（3）中位数：数据系列的中位数。

（4）众数：数据系列的众数。

（5）标准差：数据系列的标准差，计算公式为 $s = \sqrt{\dfrac{\sum (x - \bar{x})^2}{n - 1}}$。

（6）方差：数据系列的方差，计算公式为 $s^2 = \dfrac{\sum (x - \bar{x})^2}{n - 1}$。

（7）峰度：数据系列的峰度系数，计算公式为 $K = \dfrac{\sum (x - \bar{x})^4 f}{\sum f \cdot s^4} - 3$。

（8）偏度：数据系列的偏度系数，计算公式为 $SK = \dfrac{\sum (x - \bar{x})^3 f}{\sum f \cdot s^3}$。

（9）区域：数据系列的极差，即最大值和最小值之差。

（10）最大（小）值：数据系列的极值。

（11）求和：数据系列的总和。

（12）观测数：样本容量。

4

Excel 在抽样推断中的应用

推断统计是现代统计学的重要分支，也是应用统计最主要的研究方法。推断统计包括两方面的内容——总体参数估计和假设检验，方差分析也可以认为是一种特殊场景的推断统计。

4.1 区间估计

当研究中从样本获得一组数据后，如何通过这组信息对总体特征进行估计，也就是如何从局部结果推论总体的情况，称为总体参数估计。总体参数估计可以分为点估计和区间估计。

点估计是用样本统计量来估计总体参数，因为样本统计量为数轴上某一点值，估计的结果也以一个点的数值来表示。由于这种估计是单个的数值，总是存在误差，对误差也不能准确地计算出来。另外，点估计无法指出对总体参数给予正确估计的概率有多大。所以，这种点估计只能作为一种不精确的估计，更好的办法是对总体参数进行区间估计。

4.1.1 区间估计概述

区间估计是根据样本统计量，利用抽样分布的原理，用概率表示总体参数可能落在某数值区间之内的推算方法。区间估计的种类有很多，主要包括总体均值的区间估计、总体比率的区间估计、总体方差的区间估计、相关系数的区间估计等。

本书主要讨论总体均值、总体比率和总体方差的区间估计。

4.1.1.1 总体均值的区间估计

区间估计的理论依据起源于样本的抽样分布。根据抽样分布理论，一个样本统计量的平均值的抽样分布需满足以下特征：

（1）无论是重复抽样还是不重复抽样，样本均值的数学期望始终等于总体均值，即 $E(\bar{x}) = \mu$。

（2）样本均值的方差和抽样方式有关，即有结论：

$$重复抽样：\sigma_x^2 = \frac{\sigma^2}{n}$$

$$不重复抽样：\sigma_x^2 = \frac{\sigma^2}{n}(\frac{N-n}{N-1})$$

（3）在大样本的情况下，样本均值符合正态分布，即有结论：

$$重复抽样：\bar{x} \sim N(\mu, \frac{\sigma^2}{n})$$

$$不重复抽样：\bar{x} \sim N(\mu, \frac{\sigma^2}{n}(\frac{N-n}{N-1}))$$

（4）在正态分布小样本抽样的情况下，如果总体均值未知，含有样本均值的表达式 $\frac{\bar{x}-\mu}{s/\sqrt{n}}$ 符合学生氏分布——t 分布，即 $\frac{\bar{x}-\mu}{s/\sqrt{n}} \sim t(n-1)$。

如果有两个总体，若样本均值分别为 $\bar{x}_1$ 和 $\bar{x}_2$ 且均服从正态分布，即 $\bar{x}_1 \sim N(\mu_1, \sigma_1^2)$，$\bar{x}_2 \sim N(\mu_2, \sigma_2^2)$，两个样本统计量的平均值之差 $\bar{x}_1 - \bar{x}_2$ 的抽样分布服从正态分布，其分布的均值为两个总体均值之差，分布的方差为各自的方差之和，即有：$E(\bar{x}_1 - \bar{x}_2) = \mu_1 - \mu_2$，$\sigma_{\bar{x}_1-\bar{x}_2}^2 = \frac{\sigma_1^2}{n_1} + \frac{\sigma_2^2}{n_2}$，此时 $\bar{x}_1 - \bar{x}_2 \sim N(\mu_1 - \mu_2, \frac{\sigma_1^2}{n_1} + \frac{\sigma_2^2}{n_2})$。

根据上述抽样理论，总体均值的区间估计方法可以概括为表 4.1。

表 4.1　总体均值的区间估计方法

参数	点估计量	标准误差	$1 \sim \alpha$ 的置信区间	适应场景
μ	$\bar{x}$	$\frac{\sigma}{\sqrt{n}}$	$\bar{x} \pm z_{\alpha/2}\frac{\sigma}{\sqrt{n}}$	σ 已知，大样本
			$\bar{x} \pm z_{\alpha/2}\frac{s}{\sqrt{n}}$	σ 未知，大样本
			$\bar{x} \pm z_{\alpha/2}\frac{\sigma}{\sqrt{n}}$	σ 已知，正态分布小样本
			$\bar{x} \pm t_{\alpha/2}(n-1)\frac{s}{\sqrt{n}}$	σ 未知，正态分布小样本

表4.1(续)

参数	点估计量	标准误差	$1-\alpha$ 的置信区间	适应场景
$\mu_1-\mu_2$	$\bar{x}_1-\bar{x}_2$	$\sqrt{\dfrac{\sigma_1^2}{n_1}+\dfrac{\sigma_2^2}{n_2}}$	$(\bar{x}_1-\bar{x}_2)\pm z_{\alpha/2}\sqrt{\dfrac{\sigma_1^2}{n_1}+\dfrac{\sigma_2^2}{n_2}}$	独立大样本，σ_1 和 σ_2 已知
			$(\bar{x}_1-\bar{x}_2)\pm z_{\alpha/2}\sqrt{\dfrac{s_1^2}{n_1}+\dfrac{s_2^2}{n_2}}$	独立大样本，σ_1 和 σ_2 未知
		$\sqrt{\dfrac{s_1^2}{n_1}+\dfrac{s_2^2}{n_2}}$	$(\bar{x}_1-\bar{x}_2)\pm t_{\alpha/2}\sqrt{s_p^2\left(\dfrac{1}{n_1}+\dfrac{1}{n_2}\right)}$ 自由度为 n_1+n_2-2	两个正态总体独立小样本，σ_1 和 σ_2 未知但相等
			$(\bar{x}_1-\bar{x}_2)\pm t_{\alpha/2}(v)\sqrt{\dfrac{s_1^2}{n_1}+\dfrac{s_2^2}{n_2}}$	两个正态总体独立小样本，σ_1 和 σ_2 未知但不相等
$\bar{d}$		$\dfrac{\sigma_d}{\sqrt{n}}$	$\bar{d}\pm z_{\alpha/2}\dfrac{\sigma_d}{\sqrt{n}}$	匹配大样本
			$\bar{d}\pm t_{\alpha/2}(n-1)\dfrac{s_d}{\sqrt{n}}$	匹配小样本

4.1.1.2 总体比率的区间估计

比率问题是研究分类或定性的变量。就一个具有 N 个单位的总体而言，具有某种性质的单位个数为 N_0，具有另一种性质的单位个数为 N_1，则有 $\pi=\dfrac{N_0}{N}$，$1-\pi=\dfrac{N_1}{N}$。

根据抽样分布理论，在重复选取样本容量为 n 的样本时，样本比率 p 的抽样分布是所有 p 的可能取值的概率分布，近似于正态分布。一般可以认为，对一个具体的样本比率 p，若 $np\geq 5$ 或 $n(1-p)\geq 5$，就可以认为样本量足够大。可以证明，该正态分布的参数满足以下特性。

（1）p 的数学期望：$E(p)=\pi$。

（2）P 的抽样方差：

$$重复抽样\ \sigma_p^2=\frac{\pi(1-\pi)}{n}$$

$$不重复抽样\ \sigma_p^2=\frac{\pi(1-\pi)}{n}\left(\frac{N-n}{N-1}\right)$$

（3）一个总体比率的分布为 $p\sim N(\pi,\dfrac{\pi(1-\pi)}{n})$ 或者 $p\sim N(\pi,\dfrac{\pi(1-\pi)}{n}(\dfrac{N-n}{N-1}))$。

从两个服从二项分布的总体分布独立地抽取容量为 n_1 和 n_2 的样本，在重复选取容量为 n_1 和 n_2 的样本时，由两个样本比率之差的所有可能取值形成的相对频数分布即抽样分布近似服从正态分布，其分布的均值和方差分别为

$$E(p_1-p_2)=\pi_1-\pi_2$$

$$\sigma_{p_1-p_2}^2=\frac{\pi_1(1-\pi_1)}{n_1}+\frac{\pi_2(1-\pi_2)}{n_2}$$

即 $(p_1 - p_2) \sim N(\pi_1 - \pi_2, \dfrac{\pi_1(1 - \pi_1)}{n_1} + \dfrac{\pi_2(1 - \pi_2)}{n_2})$。

4.1.1.3 总体方差的区间估计

一般采用方差去推测总体方差，对于来自正态总体的简单随机样本，则比值 $\dfrac{(n - 1) s^2}{\sigma^2}$ 的抽样分布服从自由度为（n-1）的卡方分布，即

$$\frac{(n - 1) s^2}{\sigma^2} \sim x^2(n - 1)$$

如果两个总体均为正态分布，且 $x_1 \sim N(\mu_1, \sigma_1^2)$，$x_2 \sim N(\mu_2, \sigma_2^2)$，分别从两个总体中抽取容量为 n_1 和 n_2 的独立样本，两个样本方差比 $\dfrac{s_1^2}{s_2^2}$ 的抽样分布服从 F 分布，即

$$\frac{s_1^2}{s_2^2} \sim F(n_1 - 1, n_2 - 1)$$

4.1.2 Excel 操作

4.1.2.1 总体均值的区间估计

【例 4.1】近年来，我国学生资助体系不断完善，教育部报告表明仅助学贷款这一项，2021 年，全国发放国家助学贷款共计 430.86 亿元，比上年增加了 52.74 亿元，增幅为 13.95%，占资助资金总额的 16.15%，占普通高等教育资助资金总额的 29.71%。假设基于全国 480 名学生的样本计算得到平均资助额为 8086.71 元，总体标准差为 2000 元。根据数据估计全国助学贷款平均资助额置信度为 95% 的置信区间。

本例是在总体标准差已知大样本的情况下，描述了如何进行总体均值的区间估计，如果总体方差不知道的大样本，一般用样本方差代替总体方差，其计算过程是一样的。

在 Excel 中，统计函数 confidence 可以用于计算正态分布下，总体标准差已知和总体标准差未知但是大样本下样本均值的抽样极限误差。confidence 函数的参数 alpha 表示显著性水平，standard_dev 是总体标准差，size 是样本容量。

其操作步骤如下：

S1：在 A1 单元格输入公式 =confidence(0.05,2000,480)。

S2：在 A2 单元格输入样本均值 8086.71。

S3：在 A3 和 A4 单元格分别输入"置信下限"和"置信上限"，在 B3 和 B4 单元格分别输入公式"=A2-A1"和"=A2+A1"，如图 4.1 所示。

	A	B
1	178.9194	
2	8086.71	
3	置信下限	7907.791
4	置信上限	8265.629

图 4.1 置信区间计算结果

【例 4.2】 在正常生产情况下，某厂生产的一种无缝钢管服从正态分布。从某日生产的钢管中随机抽取 10 根，测得其内径分别为 53.8、54.0、55.1、54.2、52.1、54.2、55.0、55.8、55.4、55.5（单位：mm）。请建立该批无缝钢管平均内径 95% 的置信区间。

本例是总体方差未知的小样本，抽样误差要在 t 分布下计算，计算 t 值采用函数 tinv，tinv 的参数分布概率是指显著性水平，自由度是指能够自由取值的变量个数。其计算步骤如下：

S1：用 stdev 函数计算样本标准差，在 C11 单元格输入 "= stdev（A1：A10）"，得 $s = 1.0948871$。

S2：用 AVERAGE 函数计算样本平均值，在 C12 单元格输入 "= average（A1：A10）"，得 $\bar{x} = 54.51$。

S3：利用 t 分布函数 TINV 计算 t 值，在 C13 单元格输入 "=tinv（0.05,9）"，得 $t_{\alpha/2} = 2.262157$。

S4：计算抽样极限误差，在 C14 单元格输入公式 "= C13 * C11/sqrt（10）"，得 $t_{\alpha/2} s / \sqrt{n} = 0.7833$。

S5：构造置信区间，在 C15 和 C16 分别输入公式 "=C12−C14" 和 "=C12+C14"，得到置信区间（54.51−0.7833，54.51+0.7833）。

输出的结果如图 4.2 所示。

	A	B	C
1	53.8		
2	54		
3	55.1		
4	54.2		
5	52.1		
6	54.2		
7	55		
8	55.8		
9	55.4		
10	55.5		
11		样本标准差	1.094887107
12		样本平均值	54.51
13		t值	2.262157163
14		抽样误差	0.783235053
15		置信区间下限	53.72676495
16		置信区间上限	55.29323505

图 4.2 区间估计计算结果

4.1.2.2 总体比率的区间估计

【例 4.3】 某网站随机抽取了 400 名浏览者进行调查，结果发现有 25% 的女性用户。请确定如何在 99% 的置信度下给出所有使用者中女性所占比例。

样本比例是总体比例的无偏估计量，在大样本下样本比例近似服从均值为总体比率、方差为总体方差比样本容量的正态概率分布以及总体比例不知道的情况下，可以使用样本比例近似计算方差。

在该例中，样本比例 $p = 25\%$，样本容量 $n = 400$，在正态分布下，抽样极限误差为 $z_{\alpha/2} \sqrt{p(1-p)/n}$，99%的样本比例落在总体比例附近 $\pm z_{0.005} \sqrt{p(1-p)/n}$，将样本比例加减抽样极限误差即可得到估计区间。

Excel 的操作步骤如下：

S1：单击单元格 B1，输入公式 "=0.25 * 0.75"，计算方差。

S2：单击单元格 B2，输入公式 "=sqrt(B1)"，计算标准差。

S3：单击单元格 B3，输入公式 "=confidence(0.01,B2,400)"，计算极限误差。

S4：在单元格 B4 和 B5 分别输入公式 "=0.25-B3" 和 "=0.25+B3"，计算区间的下限和上限。

输出结果如图 4.3 所示。

	A	B
1	方差	0.1875
2	标准差	0.4330127
3	极限误差	0.05576834
4	区间下限	0.19423166
5	区间上限	0.30576834

图 4.3　总体比率的区间估计计算

4.1.2.3　总体方差的区间估计

【例 4.4】假设某制药企业的药品重量服从正态分布。对某个品种某型号的药物抽取了 18 个单位的样本，得出样本方差 $s^2 = 0.36$（单位：克）。构造该药物方差 90%的置信区间。

药品重量服从正态分布，统计上可以证明 $\dfrac{(n-1)s^2}{\sigma^2}$ 的抽样分布服从自由度为 $(n-1)$ 的卡方分布。在 Excel 中，卡方分布给定概率的右侧区间点可以用函数 chiinv 计算，其参数 probability 表示显著性水平（上分为概率值），deg_freedom 表示自由度。

Excel 的操作步骤如下：

S1：在 B1 单元格输入公式 "=chiinv(0.05,17)"，计算上分位值。

S2：在 B2 单元格输入公式 "=chiinv "（0.95，17）""，计算下分位值。

S3：在 B3 单元格输入公式 "=17 * 0.36/B1"，计算区间下限。

S4：在 B4 单元格输入公式 "=17 * 0.36/B2"，计算区间上限。

输出结果如图 4.4 所示。

	A	B
1	上分位值	27.58711
2	下分位值	8.67176
3	区间下限	0.221843
4	区间上限	0.705739

图 4.4　总体方差区间估计计算

4.2 假设检验

假设检验（hypothesis testing）又称统计假设检验，是用来判断样本与样本、样本与总体的差异是由抽样误差引起还是由本质差别造成的统计推断方法。显著性检验是假设检验中最常用的一种方法，也是一种最基本的统计推断形式，其基本原理是先对总体的特征做出某种假设，然后通过抽样研究的统计推理，对此假设应该被拒绝还是应该接受做出推断。常用的假设检验方法有 Z 检验、t 检验、卡方检验、F 检验等。

4.2.1 假设检验概述

假设检验的基本思想是"小概率事件"原理，其统计推断方法是带有某种概率性质的反证法。小概率思想是指小概率事件在一次试验中基本上不会发生。反证法思想是先提出检验假设，再用适当的统计方法，利用小概率原理，确定假设是否成立。即为了检验一个假设 H_0 是否正确，首先假定该假设 H_0 正确，然后根据样本对假设 H_0 做出接受或拒绝的决策。如果样本观察值导致了"小概率事件"发生，就应拒绝假设 H_0，否则应接受假设 H_0。

假设检验中所谓的"小概率事件"并非逻辑中的绝对矛盾，而是基于人们在实践中广泛采用的原则，即小概率事件在一次试验中是几乎不发生的，但概率小到什么程度才能算作"小概率事件"。显然，"小概率事件"的概率越小，否定原假设 H_0 就越有说服力，常记这个概率值为 α（$0<\alpha<1$），称为检验的显著性水平。对于不同的问题，检验的显著性水平 α 不一定相同。

假设检验的基本步骤如下：

S1：检验假设包括原假设和备择假设，符号分别是 H_0 和 H_1；

H_0：样本与总体或样本和样本间的差异是由抽样误差引起的；

H_1：样本与总体或样本和样本间存在本质差异；

预先设定的检验水准为 0.05；当检验假设为真，但被错误地拒绝的概率，记作 α，通常取 $\alpha=0.05$ 或 $\alpha=0.0$。

S2：选定统计方法，由样本观察值按相应的公式计算出统计量的大小，如 X 值、t 值等。根据资料的类型和特点，可以分别选用 Z 检验、T 检验、秩和检验、卡方检验等。

S3：根据统计量的大小及分布确定检验假设成立的可能性 P 的大小并判断结果。若 $P>\alpha$，结论为按 α 所取水准不显著，不拒绝 H_0，即认为差别很可能是由于抽样误差造成的，在统计上不成立；如果 $P\leq\alpha$，结论为按 α 所取水准显著，拒绝 H_0，接受 H_1，则认为此差别不太可能仅由抽样误差所致，很可能是实验因素不同造成的，故在统计上成立。P 值的大小一般可通过查阅相应的界值表得到。

4.2.1.1 总体均值的假设检验

对总体均值进行假设检验，采用什么检验步骤和检验统计量取决于所抽取的样本是大样本还是小样本，此外还需要区分总体是否服从正态分布、总体方差是否已知等情况。

（1）一个总体大样本的检验方法：在大样本情况下，样本均值抽样分布近似服从正态分布，其抽样标准差为 $\dfrac{\sigma}{\sqrt{n}}$。将样本均值经过标准后即可得到检验的统计量，可以证明样本均值经过标准化后服从标准正态分布，因而采用正态分布的检验统计量。当总体方差已知，时统计量为 $z = \dfrac{\bar{x} - \mu_0}{\sigma / \sqrt{n}}$；总体方差未知时，统计量为 $z = \dfrac{\bar{x} - \mu_0}{s / \sqrt{n}}$。

（2）一个总体正态分布小样本，且总体方差已知，统计量为 $z = \dfrac{\bar{x} - \mu_0}{\sigma / \sqrt{n}}$。

（3）一个总体正态分布小样本，且总体方差未知，统计量为 $t = \dfrac{\bar{x} - \mu_0}{s / \sqrt{n}}$，该统计量服从自由度为 $n-1$ 的学术氏分布。

（4）两个独立大样本总体均值之差的检验：在大样本情况下，两个样本均值之差 $(\bar{x}_1 - \bar{x}_2)$ 的抽样分布近似服从正态分布，而 $(\bar{x}_1 - \bar{x}_2)$ 经过标准化后服从标准正态分布，如果两个总体的方差已知，则采用统计量为 $z = \dfrac{(\bar{x}_1 - \bar{x}_2) - (\mu_1 - \mu_2)}{\sqrt{\dfrac{\sigma_1^2}{n_1} + \dfrac{\sigma_2^2}{n_2}}}$；如果两个总体的方差未知，则采用统计量为 $z = \dfrac{(\bar{x}_1 - \bar{x}_2) - (\mu_1 - \mu_2)}{\sqrt{\dfrac{s_1^2}{n_1} + \dfrac{s_2^2}{n_2}}}$。

（5）两个独立小样本总体均值之差的检验。

情况 1：总体服从正态分布，当两个总体的方差已知时，利用统计量为 $z = \dfrac{(\bar{x}_1 - \bar{x}_2) - (\mu_1 - \mu_2)}{\sqrt{\dfrac{\sigma_1^2}{n_1} + \dfrac{\sigma_2^2}{n_2}}}$；

情况 2：总体服从正态分布，当两个总体的方差未知但相等时，样本均值之差经标准化后服从自由度为 $(n_1 + n_2 - 2)$ 的 t 分布，统计量为 $t = \dfrac{(\bar{x}_1 - \bar{x}_2) - (\mu_1 - \mu_2)}{s_p \sqrt{\dfrac{1}{n_1} + \dfrac{1}{n_2}}}$；

情况 3：总体服从正态分布，当两个总体的方差未知且不相等时，两个样本均值之差经标准化后近似服从自由度为 v 的 t 分布，统计量为 $t = \dfrac{(\bar{x}_1 - \bar{x}_2) - (\mu_1 - \mu_2)}{\sqrt{\dfrac{s_1^2}{n_1} + \dfrac{s_2^2}{n_2}}}$，该统

计量的自由度为 v，计算公式为 $v = \dfrac{\left(\dfrac{s_1^2}{n_1} + \dfrac{s_2^2}{n_2}\right)^2}{\dfrac{\left(\dfrac{s_1^2}{n_1}\right)^2}{n_1 - 1} + \dfrac{\left(\dfrac{s_2^2}{n_2}\right)^2}{n_2 - 1}}$。

（6）匹配样本：假定两个总体配对差值构成的总体服从正态分布，而且配对差值是由总体中随机抽取的。对于小样本情形，配对差值经标准化后服从自由度为 $(n-1)$ 的 t 分布，统计量为 $t = \dfrac{\bar{d} - (\mu_1 - \mu_2)}{s_d / \sqrt{n}}$。

样本均值的假设检验方法如表 4.2 所示。

表 4.2　样本均值的假设检验

假设形式		检验统计量	拒绝域	假定条件
双侧检验	$H_0: \mu = \mu_0$ $H_1: \mu \neq \mu_0$	$z = \dfrac{\bar{x} - \mu_0}{\sigma / \sqrt{n}}$ 或 $z = \dfrac{\bar{x} - \mu_0}{s / \sqrt{n}}$	$|z| > z_{\alpha/2}$	大样本；小样本，正态总体，总体方差已知
左侧检验	$H_0: \mu \geqslant \mu_0$ $H_1: \mu < \mu_0$		$z < -z_\alpha$	
右侧检验	$H_0: \mu \leqslant \mu_0$ $H_1: \mu > \mu_0$		$z > z_\alpha$	
双侧检验	$H_0: \mu = \mu_0$ $H_1: \mu \neq \mu_0$	$t = \dfrac{\bar{x} - \mu_0}{s / \sqrt{n}}$	$|t| > z_{\alpha/2}$	小样本，正态总体，总体方差未知
左侧检验	$H_0: \mu \geqslant \mu_0$ $H_1: \mu < \mu_0$		$t < -t_\alpha$	
右侧检验	$H_0: \mu \leqslant \mu_0$ $H_1: \mu > \mu_0$		$t > t_\alpha$	
双侧检验	$H_0: \mu_1 - \mu_2 = 0$ $H_1: \mu_1 - \mu_2 \neq 0$	$z = \dfrac{(\bar{x}_1 - \bar{x}_2) - (\mu_1 - \mu_2)}{\sqrt{\dfrac{\sigma_1^2}{n_1} + \dfrac{\sigma_2^2}{n_2}}}$ 或 $z = \dfrac{(\bar{x}_1 - \bar{x}_2) - (\mu_1 - \mu_2)}{\sqrt{\dfrac{s_1^2}{n_1} + \dfrac{s_2^2}{n_2}}}$	$|z| > z_{\alpha/2}$	大样本，两个独立总体；小样本，独立总体，总体方差已知
左侧检验	$H_0: \mu_1 - \mu_2 \geqslant 0$ $H_1: \mu_1 - \mu_2 < 0$		$z < -z_\alpha$	
右侧检验	$H_0: \mu_1 - \mu_2 \leqslant 0$ $H_1: \mu_1 - \mu_2 > 0$		$z > z_\alpha$	

表4.2(续)

	假设形式	检验统计量	拒绝域	假定条件
双侧检验	$H_0: \mu_1 - \mu_2 = 0$ $H_1: \mu_1 - \mu_2 \neq 0$		$\mid t \mid > z_{\alpha/2}$	
左侧检验	$H_0: \mu_1 - \mu_2 \geqslant 0$ $H_1: \mu_1 - \mu_2 < 0$	$t = \dfrac{(\bar{x}_1 - \bar{x}_2) - (\mu_1 - \mu_2)}{s_p \sqrt{\dfrac{1}{n_1} + \dfrac{1}{n_2}}}$	$t < -t_\alpha$	小样本，独立总体，总体方差未知但相等
右侧检验	$H_0: \mu_1 - \mu_2 \leqslant 0$ $H_1: \mu_1 - \mu_2 > 0$		$t > t_\alpha$	
双侧检验	$H_0: \mu_1 - \mu_2 = 0$ $H_1: \mu_1 - \mu_2 \neq 0$		$\mid t \mid > z_{\alpha/2}$	
左侧检验	$H_0: \mu_1 - \mu_2 \geqslant 0$ $H_1: \mu_1 - \mu_2 < 0$	$t = \dfrac{(\bar{x}_1 - \bar{x}_2) - (\mu_1 - \mu_2)}{\sqrt{\dfrac{s_1^2}{n_1} + \dfrac{s_2^2}{n_2}}}$	$t < -t_\alpha$	小样本，独立总体，总体方差未知且不相等
右侧检验	$H_0: \mu_1 - \mu_2 \leqslant 0$ $H_1: \mu_1 - \mu_2 > 0$		$t > t_\alpha$	
双侧检验	$H_0: \mu_1 - \mu_2 = 0$ $H_1: \mu_1 - \mu_2 \neq 0$		$\mid t \mid > z_{\alpha/2}$	
左侧检验	$H_0: \mu_1 - \mu_2 \geqslant 0$ $H_1: \mu_1 - \mu_2 < 0$	$t = \dfrac{\bar{d} - (\mu_1 - \mu_2)}{s_d / \sqrt{n}}$	$t < -t_\alpha$	匹配样本
右侧检验	$H_0: \mu_1 - \mu_2 \leqslant 0$ $H_1: \mu_1 - \mu_2 > 0$		$t > t_\alpha$	

4.2.1.2 总体比率的假设检验

总体比率的检验和总体均值的检验基本上是相同的，取值在于参数和检验统计量的形式不同。

（1）一个总体大样本情形下的总体比率检验：在给定的显著性水平下且大样本情形下统计量 p 近似服从正态分布，统计量为 $z = \dfrac{p - \pi_0}{\sqrt{\dfrac{\pi_0(1 - \pi_0)}{n}}}$。

（2）两个总体比率之差的检验：当 $n_1 p_1$、$n_1(1 - p_1)$、$n_2 p_2$、$n_2(1 - p_2)$ 都大于或等于 5 时，就可以认为是大样本。根据两个样本比率之差的抽样分布，可以得到总体比率之差的检验统计量 $z = \dfrac{(p_1 - p_2)(\pi_1 - \pi_2)}{\sigma_{p_1 - p_2}}$，式中 $\sigma_{p_1 - p_2} = \sqrt{\dfrac{\pi_1(1 - \pi_1)}{n_1} + \dfrac{\pi_2(1 - \pi_2)}{n_2}}$。

总体比率的假设检验方法如表 4.3 所示。

表 4.3   总体比率的假设检验

假设形式		检验统计量	拒绝域	假定条件
双侧检验	$H_0: \pi = \pi_0$ $H_1: \pi \neq \pi_0$	$z = \dfrac{p - \pi_0}{\sqrt{\dfrac{\pi_0(1-\pi_0)}{n}}}$	$|z| > z_{\alpha/2}$	一个总体大样本
左侧检验	$H_0: \pi \geqslant \pi_0$ $H_1: \pi < \pi_0$		$z < -z_\alpha$	
右侧检验	$H_0: \pi \leqslant \pi_0$ $H_1: \pi > \pi_0$		$z > z_\alpha$	
双侧检验	$H_0: \pi_1 - \pi_2 = 0$ $H_1: \pi_1 - \pi_2 \neq 0$	$z = \dfrac{(p_1 - p_2)(\pi_1 - \pi_2)}{\sigma_{p_1 - p_2}}$	$|t| > z_{\alpha/2}$	两个总体
左侧检验	$H_0: \pi_1 - \pi_2 \geqslant 0$ $H_1: \pi_1 - \pi_2 < 0$		$t < -t_\alpha$	
右侧检验	$H_0: \pi_1 - \pi_2 \leqslant 0$ $H_1: \pi_1 - \pi_2 > 0$		$t > t_\alpha$	

4.2.1.3   总体方差的假设检验

总体方差的抽样分布与总体均值和总体比率不同,需要用卡方分布进行检验。

(1) 一个总体方差的假设检验:如果总体服从正态分布,统计量 $\dfrac{(n-1)s^2}{\sigma^2} \sim x^2(n-1)$,对于给定的显著性水平,可以进行方差假设检验;

(2) 两个独立正态总体的方差比服从 F 分布,因此检验统计量为 $F = \dfrac{s_1^2}{s_2^2}$ 或者 $F = \dfrac{s_2^2}{s_1^2}$。

总体方差的假设检验如表 4.4 所示。

表 4.4   总体方差的假设检验

假设形式		检验统计量	拒绝域	假定条件
双侧检验	$H_0: \sigma_1 = \sigma_2$ $H_1: \sigma_1 \neq \sigma_2$	$\dfrac{(n-1)s^2}{\sigma^2}$	$x^2 > x_{\alpha/2}^2$ 或 $x^2 < x_{1-\alpha/2}^2$	一个正态总体
左侧检验	$H_0: \sigma_1 \geqslant \sigma_2$ $H_1: \sigma_1 < \sigma_2$		$x^2 < x_{1-\alpha}^2$	
右侧检验	$H_0: \sigma_1 \leqslant \sigma_2$ $H_1: \sigma_1 > \sigma_2$		$x^2 > x_\alpha^2$	
双侧检验	$H_0: \sigma_1/\sigma_2 = 1$ $H_1: \sigma_1/\sigma_2 \neq 1$	$F = \dfrac{s_1^2}{s_2^2}$ 或 $F = \dfrac{s_2^2}{s_1^2}$	$F < F_{1-\alpha/2}$ 或 $F > F_{1-\alpha/2}$	两个总体
左侧检验	$H_0: \sigma_1/\sigma_2 \geqslant 1$ $H_1: \sigma_1/\sigma_2 < 1$		$F < F_\alpha$	
右侧检验	$H_0: \sigma_1/\sigma_2 \leqslant 1$ $H_1: \sigma_1/\sigma_2 > 1$		$F > F_\alpha$	

4.2.2.1 总体均值的假设检验

【例4.5】某身体管理中心提出一个新型减肥方法，声称参加者在第一周平均至少会减少3.5kg体重。现抽取了40个人进行测试，其减去的平均体重为3kg，标准差为1.5kg。试问，在显著性水平0.05的条件下如何判断该减肥方法。

本例样本容量为40，属于大样本，总体方差未知，但知道样本均值和方差。根据描述，可以提出假设：

$H_0: \mu \geq 3.5 \quad H_1: \mu < 3.5$

该问题为左侧检验，检验统计量为 $z = \dfrac{3 - 3.5}{1.5/\sqrt{40}} \sim N(0,1)$。因此，其检验步骤如下：

S1：单击存放结果的单元格。

S2：在单元格中输入公式"=normsinv(0.05)"，函数 normsinv 是返回分布概率对应的随机变量值，参数为分布函数值。

S3：在统计量存放单元格输入公式"=(3-3.5)/1.5*sqrt(40)"。

S4：对比得出结论如图4.5所示，因为-1.64485>-2.10819，拒绝原假设。

	A	B
1	临界值	-1.64485
2	检验统计量	-2.10819

图4.5 决策比较

【例4.6】随着物价上涨，某研究机构估计某地居民平均食品花费额为90元，且服从正态分布。假设从该地选取15个家庭测试，得到其平均食品消费额为84.5元，方差为14.5元。在显著性水平为0.01的条件下，判断该说法是否准确。

本例是小样本，在总体方差未知的情况，采用 t 检验统计量。其具体步骤如下：

S1：提出假设。提出如下假设：

$$H_0: \mu = 90 \quad H_1: \mu \neq 90$$

S2：计算临界值，在存放临界值的单元格输入公式"=tinv(0.01,14)"，函数 tinv 是给出显著性水平和指定自由度的双侧 t 检验对应的上分位数值，注意显著性水平是双侧之和。

S3：计算统计量，在存放结果单元格输入公式"=(84.5-90)/14.5*sqrt(15)"，得到统计量为-1.46906，如图4.6所示。

	A	B
1	临界值	2.976843
2	检验统计量	-1.46906

图4.6 决策比较结果

S4：决策，因为-1.46906>-2.976843，接受原假设。

4.2.2.2 总体比率的假设检验

【例 4.7】某个实验如果有 15% 的顾客会购买这种型号产品，则可以推广。抽取了 500 名顾客发现有 88 名顾客购买。试问，是否可以推广这种型号产品（取显著性水平为 0.01）。

本例要解决的问题是判断愿意购买这种型号产品的顾客是否超过 15%，提出如下假设：

$$H_0: \pi \geqslant 15\% \quad H_1: \pi < 15\%$$

此问题为大样本总体比率的检验。其检验步骤如下：

S1：计算样本比率，在 B1 单元格输入公式"= 88/500"。

S2：计算样本方差，在 B2 单元格输入公式"= B1 * (1−B1)"。

S3：计算临界值，在 B3 单元格输入公式"= normsinv(0.01)"。

S4：计算检验统计量，在 B4 单元格输入公式"=（B1−0.15）/sqrt（B2/500）"，如图 4.7 所示。

	A	B
1	样本比率	0.176
2	样本方差	0.145024
3	临界值	−2.32635
4	检验统计量	1.526646

图 4.7 计算结果

S5：决策，因为 1.5266 > −2.3264，接受原假设，可以推广。

4.2.2.3 总体方差的假设检验

【例 4.8】某电子杂志的订阅者中拥有车辆的方差为 0.94。假定 12 名另一种电子杂志的订阅者的样本提供的拥有车辆的数分别据为 2，1，2，0，3，2，2，1，2，1，0，1。检验在显著性水平为 0.05 的情况下两种电子杂志订阅者拥有车辆数的方差是否相同。（假设总体服从正态分布）

根据题意，提出以下假设：

$$H_0: \sigma^2 = 0.94 \quad H_1: \sigma^2 \neq 0.94$$

该例是典型的单总体方差检验，检验步骤以下：

S1：计算样本方差，在 B2 单元格输入公式"= var(2,1,2,3,0,2,2,1,2,1,0,1)"。

S2：计算临界值 1 和临界值 2，在 B3 和 B4 单元格分别输入公式"= chiinv(0.025,11)"和公式"= chiinv(0.975,11)"。

S3：计算统计量，在 B5 单元格中输入公式"= 11 * B2/0.94"，如图 4.8 所示。

S4：决策：因为 3.8158 < 9.4858 < 21.9201，接受原假设，即两种电子杂志的订阅者拥有车辆数的方差相同。

▲	A	B
1	假设值	0.94
2	样本方差	0.810606
3	临界值1	21.92005
4	临界值2	3.815748
5	检验统计量	9.485816

图4.8 计算结果分析

4.3 方差分析

4.3.1 方差分析概述

方差分析（anova）是在 20 世纪 20 年代发展起来的一种统计方法，用于推断多个总体均数有无差异。由英国的统计学家弗希尔（Fisher）首创，为纪念 Fisher 以 F 命名，故方差分析又称 F 检验。下面通过举例来了解方差分析的基本原理。

【例4.9】为了对几个行业的服务质量进行评价，消费者协会在四个行业分别抽取了不同的企业作为样本。最近一年中消费者对四个行业的 23 家企业投诉的次数如表4.5 所示。

表 4.5 消费者对四个行业 23 家企业投诉的次数　　　　单位：次

观察值数量/个	行业			
	零售业	旅游业	航空公司	家电制造业
1	57	68	31	44
2	66	39	49	51
3	49	29	21	65
4	40	45	34	77
5	34	56	40	58
6	53	51		
7	44			

本例中，要分析这四个行业之间的服务质量是否有显著差异，根据已有的数据，可以采用"投诉次数"作为评价行业服务质量的一个标准。因为搜集的 23 个数据分别来自四个不同的行业，数据之间存在着差异。这种差异可能有两个方面的原因，一是抽样的随机性造成的投诉次数的不同，二是"行业"本身的服务特点对行业的投诉次数产生了影响。为了有效地分析这两个方面的原因，可以利用均值的良好统计特性，判断这四个行业的平均投诉次数是否相等。

在前面已经了解两个总体均值的假设检验，但本例中涉及四个总体，如果按双总体的假设检验方法，需要进行 6 次均值的组合检验。如果需要检验均值的总体数增加，利用双总体的假设检验方法显然是不合适的。为此，引入了方差分析的统计学方法。方差分析研究的对象，在方差分析中称为因素，用于研究因素的取值称为因素的水平。

对于表 4.5 中数据的差异，一个可能的原因是抽样的随机性造成的，方差分析中把这类误差称为随机误差，即指在因素的同一水平下，样本各观察值之间的差异是受到了随机因素的影响；另一个可能的原因是"行业"本身的服务特点的影响，方差分析中把这类误差称为系统误差，即在因素的不同水平下，各观察值之间的差异是由于行业本身的系统性因素造成的。

对于相同行业，投诉次数的差异通常只包含随机误差的影响；对于不同行业，投诉次数的差异可能既有抽样的随机误差的影响，又有行业本身的系统性误差的影响。要对数据的差异来源做进一步的判断，需要在均值的基础上引入方差来进行计算。

方差分析中主要涉及两类方差：一类是组内方差。因素的同一水平下样本数据的方差，组内方差只包含随机误差。另一类是组间方差。因素的不同水平下各样本之间的方差，组间方差既包括随机误差，也包括系统误差。若组间方差中只包含随机误差，没有系统误差，这时组间方差与组内方差的比值就会接近 1；若组间方差中除了包含随机误差外，还会包含系统误差，这时组间方差和组内方差的比值就会显著大于 1，比值越大，差异就越显著，当这个比值达到某个统计分析的临界点，就可以判断出"行业"是不是造成投诉次数差异的主要原因。

根据涉及因素的企业，方差分析又分为单因素方差分析和双因素方差分析。其中，单因素方差分析涉及一个分类的自变量，双因素方差分析涉及两个分类的自变量。

值得注意的是，在应用方差分析这一统计学方法时，有三个前提性的假定：

（1）每个总体都应服从正态分布（需要检验）。对于因素的每一个水平，其观察值是来自服从正态分布总体的简单随机样本。

（2）各个总体的方差必须相同（需要检验）。各组观察数据是从具有相同方差的总体中抽取的。

（3）观察值是独立的（可以试验控制）。

在实际应用方差分析方法进行检验时，应符合以上假定，至少是近似符合以上假定备件。

4.3.2　单因素方差分析的 Excel 实训操作

下面结合【例 4.9】来介绍单因素方差分析的具体操作步骤以及如何利用数据结果得出分析结论。

为了对几个行业的服务质量进行评价，消费者协会在四个行业共抽取了 23 家企业，每个行业中所抽取的这些企业，在服务对象、服务内容、企业规模等方面基本相同，然后统计出最近一年中消费者对这 23 家企业的投诉次数，将表 4.5 中的数据导入 Excel，如图 4.9 所示。在此假定企业投诉次数服从正态分布，并且四个行业投诉次数的方差相同，且（$\alpha = 0.05$）。

	A	B	C	D
1	零售业	旅游业	航空公司	家电制造业
2	57	68	31	44
3	66	39	49	51
4	49	29	21	65
5	40	45	34	77
6	34	56	40	58
7	53	51		
8	44			

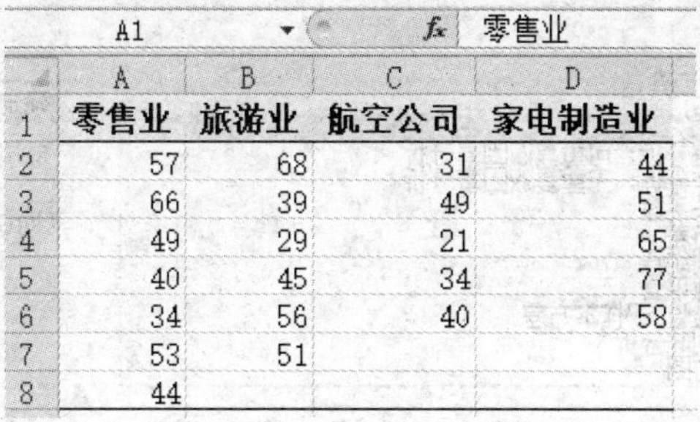

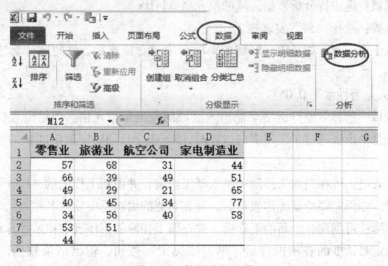

图 4.9　原始数据信息

在进行单因素方差分析时，要注意数据结构的排列。本例中，“行业”是因素，4 个行业是 4 个“水平”，投诉次数是“观察值”，即本例是一个“单因素 4 水平”的试验结果。如图 4.9 所示，在 Excel 工作表导入数据时，水平作为列标题，各水平项下的数据按列分组。

为检验这 4 个行业的服务质量，即 4 个行业的消费者投诉次数的均值是否相同，需要提出如下假设：

H_0：$\mu_1=\mu_2=\mu_3=\mu_4$　　（4 个行业的平均投诉次数相同）

H_1：μ_1，μ_2，μ_3，μ_4　　（4 个行业的平均投诉次数不相同）

注意：拒绝原假设，只表明至少有两个总体的均值不相等，并不意味着所有的均值都不相等。

单因素方差分析的 Excel 具体操作步骤如下：

S1：将分析数据输入工作表单元格区域 A1:D8（见图 4.9）。

S2：选择“数据”菜单中的“数据分析”按钮（见图 4.10）。

图 4.10　数据分析工具

S3：在弹出的“分析工具”列表框中选择“方差分析：单因素方差分析”选项，如图 4.11 所示。

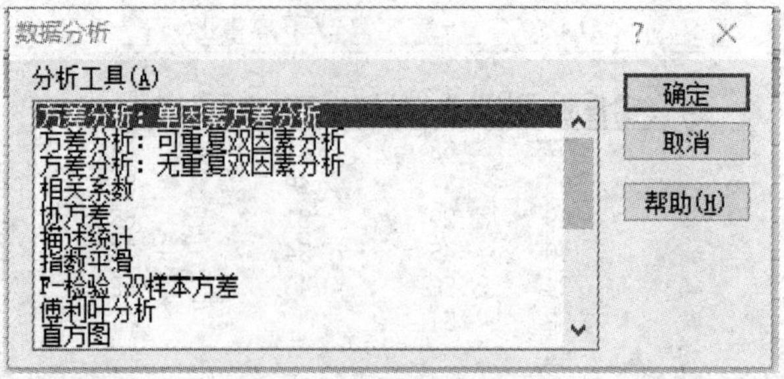

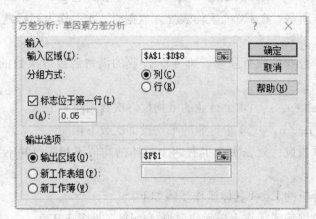

图 4.11 数据分析使用

S4：单击"确定"按钮，弹出"方差分析：单因素方差分析"对话框，如图 4. 12 所示。

图 4.12 单因素方差分析设置

输入区域：选中待分析数据区域的单元格 A1:D8。

分组方式：选择"列"复选框。

标志位于第一行：如果输入区域的第一行中包含标志项，就勾选"标志位于第一行"复选框。

α：输入显著性水平 0. 05。

输出区域：选择方差分析结果输出表区域的左上角单元格。当输出表将覆盖已有的数据，或是输出表越过了工作表的边界时，Excel 会自动确定输出区域的大小并显示信息。

新工作表组：可在当前工作簿中插入新工作表，并由新工作表的 A1 单元格开始粘贴计算结果。如果需要给新工作表命名，可在右侧的编辑框中输入名称。

新工作簿：可创建一个新的工作簿，并在新工作簿的工作表中粘贴计算结果。

S5：选定对话框的各项内容后，单击"确定"按钮，输出结果数据，如图 4. 13 所示。

A	B	C	D	E	F	G	H	I	J	K	L
零售业	旅游业	航空公司	家电制造业		方差分析：单因素方差分析						
57	68	31	44								
66	39	49	51		SUMMARY						
49	29	21	65		组	观测数	求和	平均	方差		
40	45	34	77		零售业	7	343	49	116.6667		
34	56	40	58		旅游业	6	288	48	184.8		
53	51				航空公司	5	175	35	108.5		
44					家电制造	5	295	59	162.5		
					方差分析						
					差异源	SS	df	MS	F	P-value	F crit
					组间	1456.609	3	485.5362	3.406643	0.038765	3.12735
					组内	2708	19	142.5263			
					总计	4164.609	22				

图 4.13 单因素方差分析结果

在图 4.13 的输出结果中，SS 表示离差平方和，df 表示自由度，MS 表示均方差，F 表示统计量的值，P-value 表示 P 值，F crit 表示临界值。

本例中，F 统计量的值为 3.406643，大于临界值 3.12735，根据方差分析原理，得出拒绝原假设 H_0 的结论，即四个行业的平均投诉次数不同，说明从投诉次数这个变量分析，四个行业的服务质量是有差异的。

如果用 P 值来判断，从分析结果中的 P 值为 0.038765，小于显著性水平 $\alpha = 0.05$，也可得出拒绝原假设的结论。

4.3.3 无交互作用双因素方差分析

双因素方差分析根据双因素对变量观察值的影响是否独立分为两类：当两个因素对变量观察值的影响相互独立、不发生交叉干扰时，称为无交互作用（无重复）的双因素方差分析；当两个因素对变量观察值的影响发生交叉干扰时，称为有交互作用（有重复）的双因素方差分析。双因素方差分析的原理和单因素方差分析的原理基本相同，不同的是要单独分析两个因素对观察变量值的影响，以及他们共同作用下对观察变量值的影响。

下面举例来介绍无交互作用的双因素方差分析的具体操作步骤以及如何利用数据结果得出分析结论。

【例 4.10】有 4 个品牌的彩电在 5 个地区销售，为分析彩电的品牌（品牌因素）和销售地区（地区因素）对销售量是否有影响，对每种品牌在各地区的销售量取得的数据见表 4.6。试分析品牌和销售地区对彩电的销售量是否有显著影响。（$\alpha = 0.05$）

表 4.6 不同品牌的彩电在各地区的销售量数据

品牌因素	地区因素				
	地区 1	地区 2	地区 3	地区 4	地区 5
品牌 1	365	350	343	340	323
品牌 2	345	368	363	330	333
品牌 3	358	323	353	343	308
品牌 4	288	280	298	260	298

进行无交互作用的双因素方差分析时，要注意数据结构的排列。本例中，在五个地区选用了四个品牌进行彩电销售量试验，其中，影响彩电销售量数据的因素分别是地区和品牌，因此需要分别分析地区和品牌对观察数据的影响。现假定地区和品牌两个因素相互独立，对彩电销售量没有交叉影响。

在无交互作用的双因素方差分析中，将数据导入 Excel 工作表时，需要将一个因素安排在"行"的位置，称为行因素；另一个因素安排在"列"的位置，称为列因素。本例将"品牌"作为行因素、"地区"作为列因素，双因素方差分析数据如图 4.14 所示。

图 4.14　双因素方差分析数据

在无交互作用的双因素方差分析中，需要分别对行因素"品牌"和列因素"地区"提出如下假设：

对品牌因素提出的假设如下：

$H_0: \mu_1 = \mu_2 = \mu_3 = \mu_4$　　　　　　　　　（品牌对销售量没有显著影响）

$H_1: \mu_i (i = 1, 2, \cdots, 4)$ 不全相等（品牌对销售量有显著影响）

对地区因素提出的假设如下：

$H_0: \mu_1 = \mu_2 = \mu_3 = \mu_4 = \mu_5$　　　　　　　（地区对销售量没有显著影响）

$H_1: \mu_j (j = 1, 2, \cdots, 5)$ 不全相等（地区对销售量有显著影响）

式中的 μ_i、μ_j 分别为行因素和列因素的第 i、j 个水平的均值。

注意：拒绝原假设，只表明至少有两个总体的均值不相等，并不意味着所有的均值都不相等。

无交互作用双因素方差分析的 Excel 的具体操作步骤如下：

S1：将分析数据输入工作表单元格区域 A1:G6（见图 4.14）。

S2：选择"数据"菜单中的"数据分析"按钮（见图 4.15）。

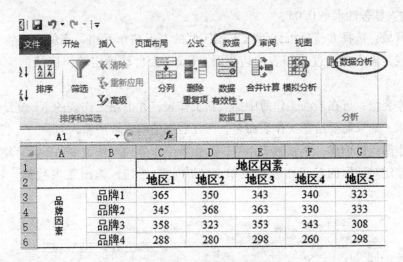

		地区因素				
		地区1	地区2	地区3	地区4	地区5
品牌因素	品牌1	365	350	343	340	323
	品牌2	345	368	363	330	333
	品牌3	358	323	353	343	308
	品牌4	288	280	298	260	298

图 4.15　数据分析工具

S3：在弹出的"分析工具"列表框中选择"方差分析：无重复双因素分析"选项，如图 4.16 所示。

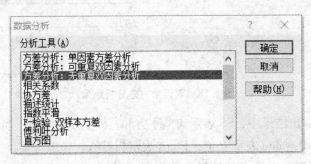

图 4.16　双因素方差分析窗口

S4：单击"确定"按钮，弹出"方差分析：无重复双因素方差分析"对话框，如图 4.17 所示。

图 4.17　双因素方差分析设置

输入区域：选中待分析数据区域的单元格 B2:G6。

标志：如果输入区域中没有标志项，则不选此框。Excel 将在输出表中生成默认的数据标志。

α：输入显著性水平 0.05。

输出区域：选择方差分析结果输出表区域的左上角单元格。当输出表将覆盖已有的数据，或是输出表越过工作表的边界时，Excel 会自动确定输出区域的大小并显示信息。

新工作表组：可在当前工作簿中插入新工作表，并由新工作表的 A1 单元格开始粘贴计算结果。如果需要给新工作表命名，可在右侧的编辑框中输入名称。

新工作簿：可创建一个新的工作簿，并在新工作簿的工作表中粘贴计算结果。

S5：选定对话框的各项内容后，单击"确定"按钮，输出结果数据，如图 4.18 所示。

图 4.18 双因素方差分析结果

在图 4.18 的输出结果中，SS 表示离差平方和，df 表示自由度，MS 表示均方差，F 表示统计量的值，P-value 表示 P 值，F crit 表示临界值。

本例中，行因素品牌的 F 统计量的值为 18.10777，大于临界值 3.490295，根据方差分析原理，得出拒绝原假设 H_0 的结论，即"品牌"这个因素对彩电销售量有显著影响。

列因素地区的 F 统计量的值为 2.100846，小于临界值 3.259167，根据方差分析原理，不能拒绝原假设 H_0，即"地区"这个因素对彩电销售量没有显著影响。

如果用 P 值来判断，从分析结果中的行因素的 P 值为 9.46E-05，小于显著性水平 $\alpha=0.05$，也可得出拒绝原假设的结论，即品牌因素对彩电销售量有显著影响。列因素的 P 值为 0.143665，大于显著性水平 $\alpha=0.05$，得出的结论也是地区因素对彩电销售量没有显著影响。

4.3.4 有交互作用的双因素方差分析

下面举例来介绍无交互作用的双因素方差分析的具体操作步骤以及如何利用数据结果得出分析结论。

【例 4.11】城市道路交通管理部门为研究不同的路段和不同的时间段对行车时间的影响，让一名交通警察分别在两个路段和高峰期与非高峰期亲自驾车进行试验，通过试验共获得 20 个行车时间（分钟）的数据，如表 4.7 所示。试分析路段、时段以及路段和时段的交互作用对行车时间的影响。

表 4.7　时段对行车时间的影响

时段	观测数	路段 1	路段 2
高峰期	1	26	19
	2	24	20
	3	27	23
	4	25	22
	5	25	21
非高峰期	6	20	18
	7	17	17
	8	22	13
	9	21	16
	10	17	12

进行有交互作用的双因素方差分析时，要注意数据结构的排列。本例中，在两个路段分别选择高峰期和非高峰期进行行车时间的测试，其中，影响行车时间数据的因素分别是时段和路段，因此需要分别分析时段对观察数据的影响、路段对观察数据的影响，以及时段和路段交互作用对行车时间数据的影响。

在有交互作用的双因素方差分析中，将数据导入 Excel 工作表时，需要将一个因素安排在“行”的位置，称为行因素；需要将另一个因素安排在“列”的位置，称为列因素。本例将“时段”作为行因素、“路段”作为列因素。交互方差分析如图 4. 19 所示。

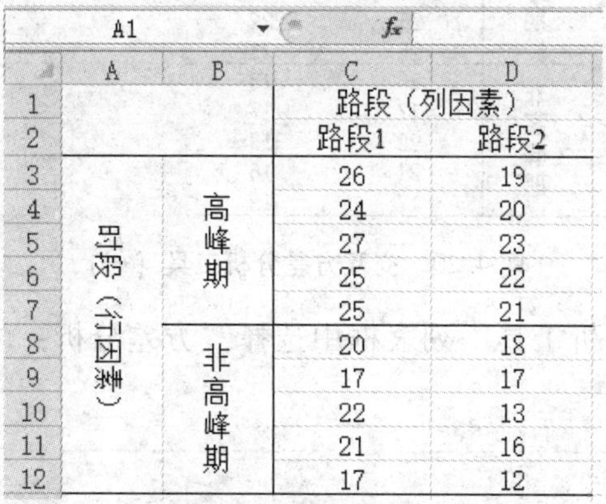

	A	B	C	D
1			路段（列因素）	
2			路段1	路段2
3	时段（行因素）	高峰期	26	19
4			24	20
5			27	23
6			25	22
7			25	21
8		非高峰期	20	18
9			17	17
10			22	13
11			21	16
12			17	12

图 4.19　交互方差分析

在有交互作用的双因素方差分析中，需要分别对行因素“时段”和列因素“路段”以及路段和时段交互提出如下假设：

对行因素（时段）提出的假设如下：

H_0：$\mu_1=\mu_2$　　　　（时段对行车时间没有显著影响）

H_1：μ_i（$i=1,2$）不全相等　　　　（时段对行车时间有显著影响）

对列因素（路段）提出的假设如下：

H_0: $\mu_1 = \mu_2$ （路段对行车时间没有显著影响）

H_1: μ_j ($j=1$, 2) 不全相等 （路段对行车时间有显著影响）

对时段和路段交互影响提出的假设如下：

H_0: μ_{ij} ($i=1$, 2), ($j=1$, 2) 全相等

（时段和路段对行车时间没有显著影响）

H_1: μ_{ij} ($i=1$, 2), ($j=1$, 2) 不全相等

（时段和路段对行车时间有显著影响）

式中的 μ_i、μ_j 分别为行因素和列因素的第 i、j 个水平的均值。

注意：拒绝原假设，只表明至少有两个总体的均值不相等，并不意味着所有的均值都不相等。

有交互作用双因素方差分析的具体操作步骤如下：

S1：将分析数据输入工作表单元格区域 A1:D12，如图 4.19 所示。

S2：选择"数据"菜单中的"数据分析"按钮，如图 4.20 所示。

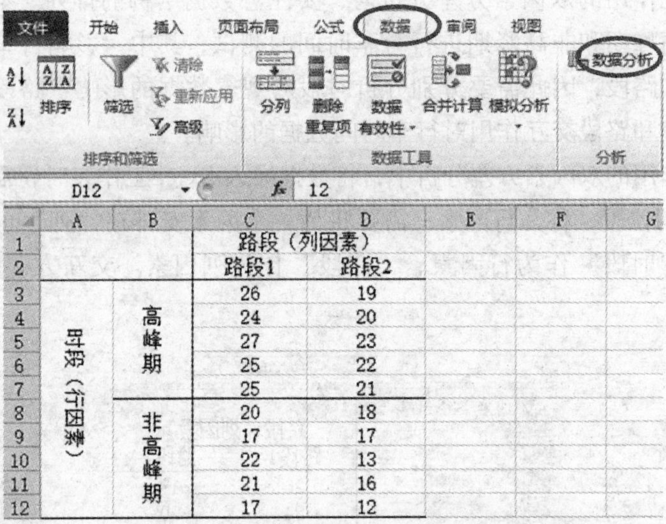

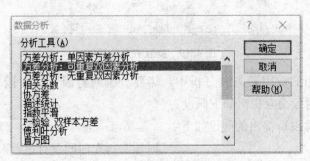

图 4.20　交互方差分析工具（一）

S3：在弹出的"分析工具"列表框中选择"方差分析：可重复双因素分析"选项，如图 4.21 所示。

图 4.21　交互方差分析工具（二）

S4：单击“确定”按钮，弹出“方差分析：可重复双因素方差分析”对话框，如图 4.22 所示。

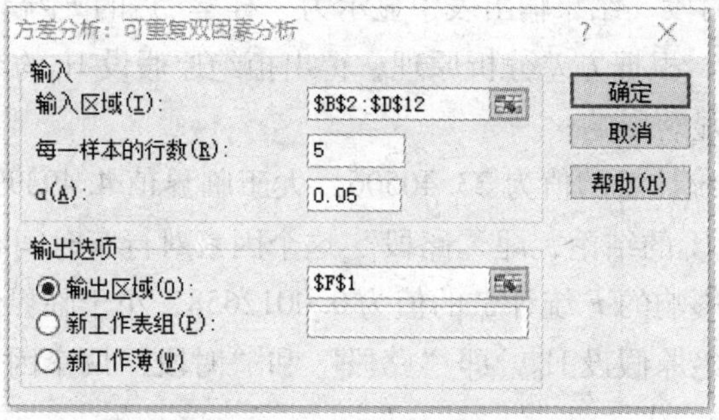

图 4.22　交互方差分析设置

输入区域：选中待分析数据区域的单元格 B2:D12。

每一样本的行数：输入包含在每个样本（一个行标题为一个样本）中的观测值个数，即数据结构表中每个行标题下的观察值的个数，本例中是 5。在双因素方差分析中，要求每个样本的观测值或者说行数必须相同。

α：输入显著性水平 0.05。

输出区域：选择方差分析结果输出表区域的左上角单元格。当输出表将覆盖已有的数据，或是输出表越过了工作表的边界时，Excel 会自动确定输出区域的大小并显示信息。

新工作表组：可以在当前工作簿中插入新工作表，并由新工作表的 A1 单元格开始粘贴计算结果。如果需要给新工作表命名，可以在右侧的编辑框中输入名称。

新工作簿：可以创建一个新的工作簿，并在新工作簿的工作表中粘贴计算结果。

S5：选定对话框的各项内容后，单击“确定”按钮，输出结果数据，如图 4.23 所示。

	A	B	C	D	E	F	G	H	I	J	K	L
1			路段（列因素）			方差分析：可重复双因素分析						
2			路段1	路段2								
3	时段（行因素）	高峰期	26	19		SUMMARY	路段1	路段2	总计			
4			24	20		高峰期						
5			27	23		观测数	5	5	10			
6			25	22		求和	127	105	232			
7			25	21		平均	25.4	21	23.2			
8		非高峰期	20	18		方差	1.3	2.5	7.066667			
9			17	17								
10			22	13		非高峰期						
11			21	16		观测数	5	5	10			
12			17	12		求和	97	76	173			
13						平均	19.4	15.2	17.3			
14						方差	5.3	6.7	10.23333			
15												
16						总计						
17						观测数	10	10				
18						求和	224	181				
19						平均	22.4	18.1				
20						方差	12.93333	13.43333				
21												
22												
23						方差分析						
24						差异源	SS	df	MS	F	P-value	F crit
25						样本	174.05	1	174.05	44.06329	5.7E-06	4.493998
26						列	92.45	1	92.45	23.40506	0.000182	4.493998
27						交互	0.05	1	0.05	0.012658	0.911819	4.493998
28						内部	63.2	16	3.95			
29												
30						总计	329.75	19				

图 4.23　交互方差分析结果

在图 4.23 的输出结果中，SS 表示离差平方和，df 表示自由度，MS 表示均方差，F 表示统计量的值，P-value 表示 P 值，F crit 表示临界值，样本表示行变量。

本例中，行因素时段（结果输出表中显示为"样本"）的 F 统计量的值为 44.06329，大于临界值 4.493998，根据方差分析原理，得出拒绝原假设 H_0 的结论，即"时段"这个因素对行车时间有显著影响；

列因素路段的 F 统计量的值为 23.40506，大于临界值 4.493998，根据方差分析原理，得出拒绝原假设 H_0 的结论，即"路段"这个因素对行车时间有显著影响；

时段和路段交互影响的 F 统计量的值为 0.0012658，小于临界值 4.493998，根据方差分析原理，不能拒绝原假设 H_0，即"路段"和"时段"两个因素交互作用对行车时间没有显著影响。

如果用 P 值来判断，从分析结果中的行因素的 P 值为 5.7E-06，小于显著性水平 $\alpha = 0.05$，也可以得出拒绝原假设的结论，"时段"这个因素对行车时间有显著影响。列因素的 P 值为 0.000182，小于显著性水平 $\alpha = 0.05$，得出的结论也是"路段"这个因素对行车时间有显著影响。两个因素交互作用的 P 值为 0.911819，大于显著性水平 $\alpha = 0.05$，也可以得出不拒绝原假设的结论，说明"时段"和"路段"两个因素交互作用对行车时间没有显著影响。

5 | Excel 在相关和回归分析中的应用

5.1 相关分析

现实中的很多现象之间存在相互联系，而其中大量现象的相互关系表现出一种不确定性。相关分析（correlation analysis）是研究现象之间是否存在某种依存关系，并对这种具有依存关系的现象进行定性分析和定量分析，探讨其相关方向以及相关程度的一种统计方法。简单地说，相关分析是研究两个或两个以上处于同等地位的随机变量之间的相关关系的统计分析方法。

5.1.1 相关表和相关图

两个随机变量之间是否存在相关关系的描述性统计指标通常有相关表和图，这是进行定量相关分析及回归分析的基础。

下面举例来介绍相关分析的 Excel 具体操作步骤以及如何利用数据结果得出分析结论。

【例 5.1】改革开放以来，随着经济的调整发展，中国的财政收入也快速增长。表 5.1 搜集了 2016 年各地区的有关数据，可以从下面的相关表直观地看出，各地区的地方一般公共预算收入有明显差异。

（1）相关表。2016 年各地区地方一般公共预算收入与地区生产总值数据见表 5.1。

表 5.1 2016 年各地区地方一般公共预算收入与地区生产总值数据　单位：亿元

地区	地区生产总值（x）	地方一般公共预算收入（y）
西藏	1151.41	155.99
青海	2572.49	238.51
宁夏	3168.59	387.66

表5.1(续)

地区	地区生产总值（x）	地方一般公共预算收入（y）
海南	4053.20	637.51
甘肃	7200.37	786.97
新疆	9649.70	1298.95
贵州	11776.73	1561.34
山西	13050.41	1557.00
吉林	14776.80	1263.78
云南	14788.42	1812.29
黑龙江	15386.09	1148.41
重庆	17740.59	2227.91
天津	17885.39	2723.50
内蒙古	18128.10	2016.43
广西	18317.64	1556.27
江西	18499.00	2151.47
陕西	19399.59	1833.99
辽宁	22246.90	2200.49
安徽	24407.62	2672.79
北京	25669.13	5081.26
上海	28178.65	6406.13
福建	28810.58	2654.83
湖南	31551.37	2697.88
河北	32070.45	2849.87
湖北	32665.38	3102.06
四川	32934.54	3388.85
河南	40471.79	3153.47
浙江	47251.36	5301.98
山东	68024.49	5860.18
江苏	77388.28	8121.23
广东	80854.91	10390.35

（2）相关图。在相关分析中，常用散点图来描述变量之间的相关形态、方向。散点图的具体操作步骤如下：

S1：选定待显示于图表中的数据所在单元格 B3：C33，选择"插入"菜单中"图表"选项下的"散点图"，得到 2016 年各地方一般公共预算收入与地区生产总值的相关图，如图 5.1 所示。

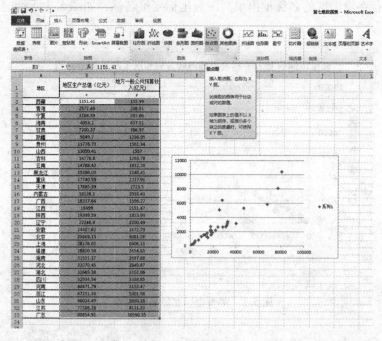

图 5.1 相关图分析

S2：单击散点图，菜单栏出现"图表工具"菜单，选择"设计"项下的标题下的坐标轴显示布局1，图表弹出标题和坐标名称框。直接在框内填写图表标题名称，如图5.2 所示。

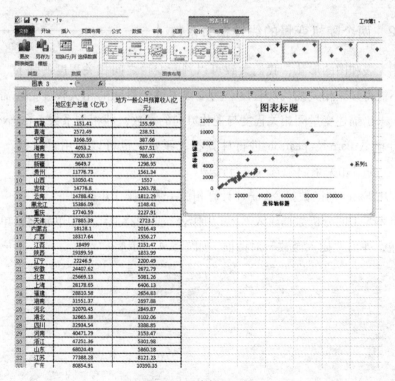

图 5.2 图表标题设置

S3：直接在绘图区的名称框内填写图表坐标变量名称，如图 5.3 所示。

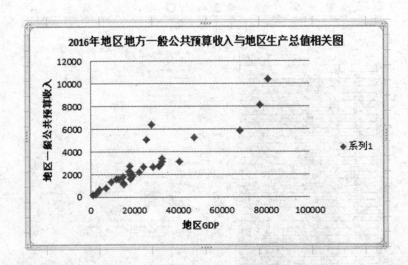

图 5.3　图表坐标变量名称设置

从图 5.3 所示的散点图来看，GDP 较高的地区的一般公共财政预算收入也比较高，两者之间的关系虽然不是严格的函数关系，但可以用线性函数关系来描述两者关联的形态。要深入分析两者的关联性程度，需要对地区生产总值与地区一般公共预算收入进行定量的相关性分析。

5.1.2　两个随机变量的线性相关系数

通过相关表和图的形状，我们大致可以判断变量之间相关程度的强弱、方向和性质，但并不能得知其相关的确切程度。为准确了解变量间的相关程度，还需做进一步统计分析，求出描述变量间相关程度与变化方向的量数，即相关系数。在 Excel 中，可以利用统计函数 correl、pearson 进行计算相关系数，也可以利用"数据"菜单下的"数据分析"的"相关系数"选项进行计算。

（1）利用 Excel 的函数指令 correl 计算相关系数，操作步骤如下：

S1：将表 5.1 的分析数据输入 Excel 工作表，选中存放结果的单元格，单击"插入函数"按钮，弹出"插入函数"对话框，如图 5.4 所示。

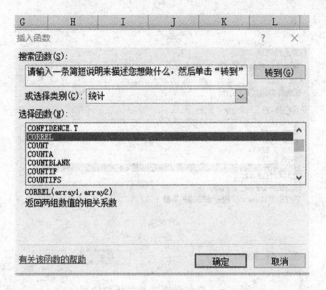

图 5.4 相关系数函数使用

S2：在"搜索函数"框中输入"CORREL"，或在"选择类别"下拉菜单中选择"统计"选项，然后在"选择函数"列表框中选中"CORREL"函数，单击确定，弹出"CORREL"对话框，如图 5.5 所示。

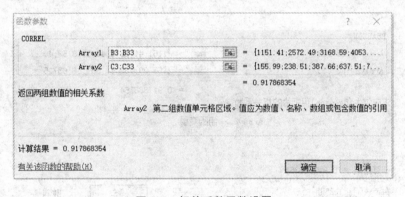

图 5.5 相关系数函数设置

在"Array1"文本框输入地区生产总值数据的单元格区域 B3:B33。

在"Array2"文本框输入地区一般公共预算收入数据的单元格区域 C3:C33。

S3：单击"确定"按钮，得出结果：0.917868。

（2）利用 Excel 的函数指令 pearson 计算相关系数，操作步骤如下：

S1：选中存放结果的单元格，单击"插入函数"按钮，弹出"插入函数"对话框，如图 5.6 所示。

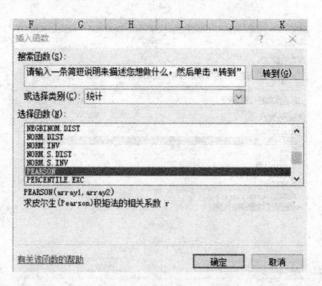

图 5.6　皮尔逊相关系数函数使用

S2：在"搜索函数"框中输入"PEARSON"，或在"选择类别"下拉菜单中选择"统计"选项，然后在"选择函数"列表框中选中"PEARSON"函数，单击确定，弹出"PEARSON"对话框，如图 5.7 所示。

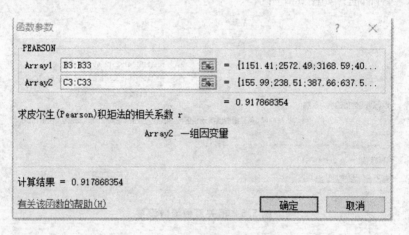

图 5.7　皮尔逊相关系数函数设置

在"Array1"文本框输入地区生产总值数据的单元格区域 B3：B33。

在"Array2"文本框输入地区一般公共预算收入数据的单元格区域 C3：C33。

S3：单击"确定"按钮，得出结果：0.917868。

（3）利用 Excel 的"数据"菜单选项下"数据分析"工具计算相关系数，操作步骤如下：

S1：选择"数据"菜单选项下的"数据分析"按钮，如图 5.8 所示。

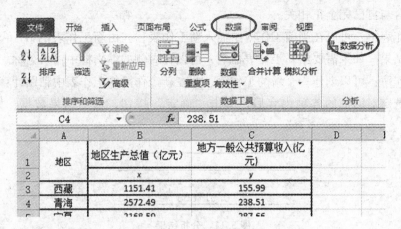

图 5.8　分析工具

S2：弹出"数据分析"对话框，在"分析工具"列表框中选择"相关系数"选
项，如图 5.9 所示。

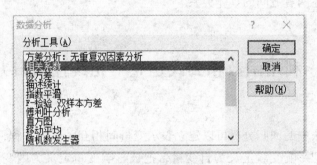

图 5.9　工具选取

S3：单击"确定"按钮，如图 5.10 所示。

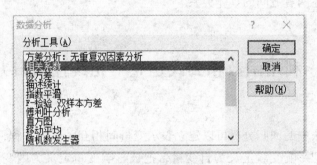

图 5.10　系数设置

输入区域：输入待分析数据区域的单元格 B2:C33。

分组方式：选择"逐列"，指出输入区域中的数据是按列排列。

标志位于第一行：输入区域的第一行中包含非数值型标志项时，选中此项。

输出区域：选择分析结果输出表区域的左上角单元格。因为两组数据的相关性与
区域处理的次序无关，输出表中包含相同行和列坐标的单元格数值为 1，说明每个变量

的数据集合与自己完全正相关。

新工作表组：可以在当前工作簿中插入新工作表，并由新工作表的 A1 单元格开始粘贴计算结果。如果需要给新工作表命名，可以在右侧的编辑框中输入名称。

新工作簿：可以创建一个新的工作簿，并在新工作簿的工作表中粘贴计算结果。

S4：选定对话框的各项内容后，单击"确定"按钮，输出结果数据，如图 5.11 所示。

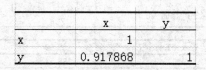

图 5.11　分析结果

相关系数的计算结果表明，地区 GDP 和地区一般公共预算收入之间存在较强的线性相关关系。为了进一步研究地区 GDP 对地区一般公共预算收入的影响，需要建立一个线性方程来描述两者之间的具体关系。

5.2　利用函数和公式建立一元线性回归方程

利用统计方法中的回归分析可以建立表示变量间相互关系的方程，称为回归方程。在回归分析中，把影响变量定义为自变量，把被影响变量定义为因变量，最简单的回归模型只有一个因变量和一个自变量，称为一元回归模型；包括两个或两个以上自变量的回归模型称为多元回归模型。在【例 5.1】中，要分析地区一般公共预算收入受地区 GDP 的影响，因此把地区 GDP 定义为自变量，把地区一般公共预算收入定义为因变量，又因为两个变量的散点图接近于一条直线，所以可以用线性模型来建立回归方程，这一类模型称为一元线性回归模型。下面用【例 5.1】的数据来建立回归方程。

假设地区 GDP 和地区一般公共预算收入的直线关系为

$$Y = a + bX$$

式中，a 为直线的截距，b 为直线的斜率，该直线方程就称为回归方程。对一元线性模型参数的估计方法有多种，要用样本数据来构造回归方程，我们希望所建立的直线给出的估计值与实际观测值之间的误差能达到最小。在古典线性回归模型中，最简单、最常用的普通最小二乘法（OLS）计算的一元线性回归模型系数具有无偏性和有效性。下面利用【例 5.1】中的样本数据来介绍 Excel 中一元线性回归系数的操作步骤。

5.2.1　计算一元线性回归方程中的截距

利用 excel 的函数指令 intercept 计算一元线性回归方程中的系数 a（截距），具体操作步骤如下：

S1：将表 5.1 的分析数据输入 Excel 工作表，选中存放结果的单元格，单击"插入函数"按钮，弹出"插入函数"对话框，如图 5.12 所示。

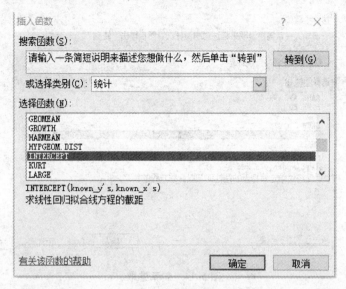

图 5.12　回归分析

S2：在"搜索函数"框中输入"INTERCEPT"，或在"选择类别"下拉菜单中选择"统计"选项；然后在"选择函数"列表框中选中"INTERCEPT"函数，单击确定，弹出"INTERCEPT"对话框，如图 5.13 所示。

图 5.13　参数设置

在"Known_y's"文本框输入地区一般公共预算收入数据的单元格区域 C3：C33。

在"Known_x's"文本框输入地区生产总值数据的单元格区域 B3：B33。

S3：单击"确定"按钮，得出结果：127.3038。

5.2.2　计算一元线性回归方程中的斜率

利用 Excel 的函数指令 slope 计算一元线性回归方程中的系数 b（斜率），操作步骤如下：

S1：将表 5.1 的分析数据输入 Excel 工作表，选中存放结果的单元格，单击"插入函数 f_x"按钮，弹出"插入函数"对话框，如图 5.14 所示。

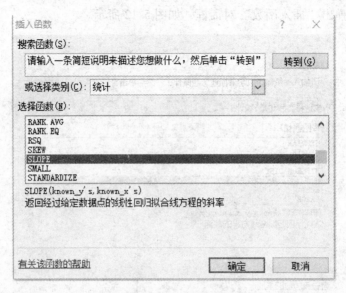

图 5.14　斜率选取

S2：在"搜索函数"框中输入 slope，或在"选择类别"下拉菜单中选择"统计"选项，然后在"选择函数"列表框中选中"SLOPE"函数，单击确定，弹出"SLOPE"对话框，如图 5.15 所示。

图 5.15　斜率参数设置

在"Known_y's"文本框输入地区一般公共预算收入数据的单元格区域。

在"Known_x's"文本框输入地区生产总值数据的单元格区域。

S3：单击"确定"按钮，得出结果 0.1068。

5.3　利用 Excel 数据分析功能进行回归分析

下面利用一个综合案例演示如何利用 Excel 数据分析工具进行相关回归分析。

【案例背景】居民消费在社会经济的持续发展中起着重要的作用。居民合理的消费模式和居民适度的消费规模有利于经济持续健康发展，而且这也是人民生活水平的具体体现。改革开放以来，随着我国经济的快速发展，人民生活水平不断提高，居民消费水平也不断提高。但是，在看到这个整体趋势的同时，还应看到全国各地区经济发展速度不同，居民消费水平也有明显差异。例如，2021 年，全国各地居民家庭平均每人每年消费支出为 24100 元，最低的西藏自治区人均仅为 15342 元，最高的上海市人均为 48879 元，上海是西藏的 3.19 倍。为了研究全国居民消费水平及其变动的原因，需要做具体分析。影响各地区居民消费支出有明显差异的因素可能很多，例如，居民的收入水平、就业状况、零售物价指数、利率、居民财产、购物环境等都可能对居民消费产生影响。为了分析什么是影响各地区居民消费支出有明显差异的最主要因素，并分析影响因素与消费水平的数量关系，可以建立相应的计量经济模型去研究。

【案例 5.2】国家统计局 2022 年 4 月 11 日发布的 2021 年全国 31 个省（自治区、直辖市）居民可支配收入和消费支出情况如表 5.2 所示。

表 5.2　2021 年全国 31 个省（自治区、直辖市）居民可支配收入和消费支出　单位：元

省（自治区 、直辖市）	人均可支配收入	人均消费支出
上海市	78027	48879
北京市	75002	43640
浙江省	57541	36668
江苏省	47498	31451
天津市	47449	33188
广东省	44993	31589
福建省	40659	28440
山东省	35705	22821
辽宁省	35112	23831
内蒙古自治区	34108	22658
重庆市	33803	24598
湖南省	31993	22798
安徽省	30904	21911
湖北省	30829	23846
江西省	30610	20290
海南省	30457	22242
河北省	29383	19954
四川省	29080	21518
陕西省	28568	19347
宁夏回族自治区	27904	20024
吉林省	27770	19605
山西省	27426	17191
黑龙江省	27159	20636
河南省	26811	18391

表5.2(续)

省(自治区、直辖市)	人均可支配收入	人均消费支出
广西壮族自治区	26727	18088
新疆维吾尔自治区	26075	18961
青海省	25919	19020
云南省	25666	18851
西藏自治区	24950	15342
贵州省	23996	17957
甘肃省	22066	17456

5.3.1 相关性研究

5.3.1.1 绘制散点图

根据上述数据画出各省（自治区、直辖市）人均可支配收入和人均消费支出散点图，具体操作参照统计图表的相关知识。从图5.16可以看出，居民可支配收入和消费支出存在较强的正向线性相关关系。

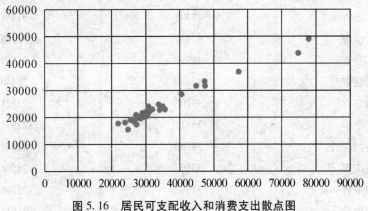

图5.16 居民可支配收入和消费支出散点图

5.3.1.2 计算相关系数

由线性相关系数公式 $r = \dfrac{\sum (x - \bar{x})(y - \bar{y})}{\sqrt{\sum (x - \bar{x})^2} \sqrt{\sum (y - \bar{y})^2}}$ 计算可得相关系数为

0.9854。或者采用数据分析工具计算相关系数，具体操作过程请参看5.1.2部分的内容。表5.3是用Excel数据分析工具导出的相关系数结果。

表5.3 居民可支配收入和消费支出相关系数

	人均可支配收入	人均消费支出
人均可支配收入	1	
人均消费支出	0.985400604	1

5.3.2 建立回归方程

根据现实常识，人均可支配收入决定消费支出，因此确定自变量为人均可支配收入 x，因变量为人均消费支出 y。从而回归方程为 $y = \alpha + \beta x$。由最小二乘法可得回归系数：

$$\beta = \frac{n\sum xy - \sum x \sum y}{n\sum x^2 - \left(\sum x\right)^2} = 0.5657$$

$$\alpha = \frac{\sum x^2 \sum y - \sum x \sum xy}{n\sum x^2 - \left(\sum x\right)^2} = \bar{y} - \beta\bar{x} = 4125.4134$$

利用 Excel 的"数据分析"工具进行回归分析的具体操作步骤如下：

S1：将表 5.2 的分析数据输入 Excel 工作表，选择"数据"菜单中的"数据分析"按钮，选中"分析工具"中的"回归"选项，如图 5.17 所示。

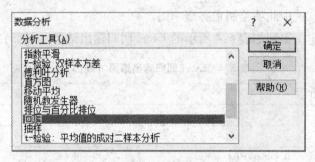

图 5.17 回归工具

S2：打开回归分析对话框进行设置，如图 5.18 所示。

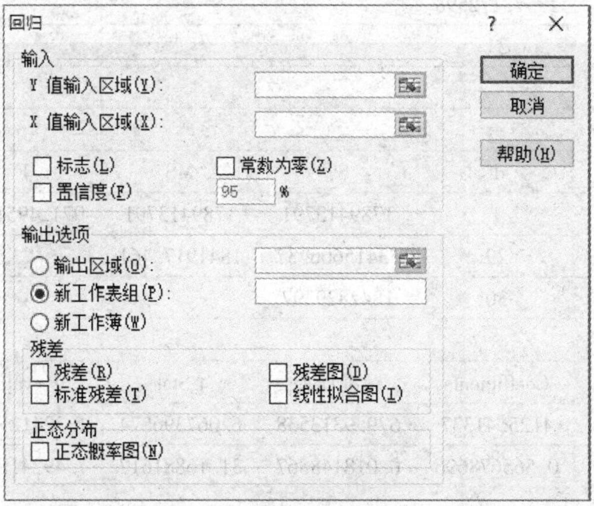

图 5.18 回归设置

Y 值输入区域：输入因变量数据所在的单元格区域。

X 值输入区域：输入自变量数据所在的单元格区域。

标志：输入区域的第一行中包含非标志项时，选中此项。

常数为零：如果要强制回归线通过原点，选中此项。

置信度：需要在汇总输出表中包含附加的置信度信息，选中此项，默认值为95%。

输出区域：在当前工作簿选择一个单元格作为输出结果表的左上角第一个单元格。汇总输出结果表至少需要有 7 列的宽度。

新工作表组：选中此项，可在当前工作簿中插入新工作表，并由新工作表的 A1 单元格开始粘贴计算结果。如果需要给新工作表命名，可在右侧的编辑框中输入名称。

新工作簿：选中此项，可以创建一个新工作簿，并在新工作簿的工作表中粘贴计算结果。

残差：如果需要以残差输出表形式查看残差，选中此项。

残差图：选中此项生成一张图表，绘制每个因变量预测值及其残差。

标准残差：选中此项在残差输出表中包含标准残差。

线性拟合图：选中此项为预测值和观察值生成一个图表。

正态概率图：选中此项绘制正态概率图。

S3：点击确定，得到如表 5.4 所示的 Excel 回归输出结果（局部）。

表 5.4　Excel 回归输出结果（局部）

SUMMARY OUTPUT					
回归统计					
Multiple R	0.985400604				
R Square	0.971014351				
Adjusted R Square	0.970014846				
标准误差	1357.172598				
观测值	31				
方差分析					
	df	SS	MS	F	Significance F
回归分析	1	1789413791	1789413791	971.4951017	7.49241E-24
残差	29	53415606.37	1841917.461		
总计	30	1842829397			
	Coefficients	标准误差	t Stat	P-value	Lower 95%
Intercept	4125.41337	679.9313538	6.067396874	1.32412E-06	2734.797611
X Variable 1	0.565678696	0.018148867	31.16881617	7.49241E-24	0.528560096

从表 5.4 可以得出：回归方程为 $y = 4125.4134 + 0.5657x$。这说明，我国各地区人均可支配收入每增加 1 元，消费支出将增加 0.5657 元。

回归分析结果中的各个参数的含义解读如下：

模块一：回归结果，如图 5.19 所示。

SUMMARY OUTPUT	
回归统计	
Multiple R	0.985400604
R Square	0.971014351
Adjusted R Square	0.970014846
标准误差	1357.172598
观测值	31

图 5.19　回归结果

（1）Multiple R（复相关系数 R）：R 的平方根又称为相关系数，它用来衡量变量 x 和 y 之间相关程度的大小。

（2）R Square（复测定系数 R^2，即可决系数）：用来说明用自变量解释因变量变差的程度，以测量同因变量 y 的拟合效果。

（3）Adjusted R Square（调整复测定系数 R^2）：仅用于多元回归才有意义，它用来衡量加入独立变量后模型的拟合程度。当有新的独立变量加入后，即使这一变量同因变量之间不相关，未经修正的 R^2 也要增大，修正的 R^2 仅用于比较含有同一个因变量的各种模型。

（4）标准误差：又称为标准回归误差或估计标准误差，它既用来衡量拟合程度的大小，也用来计算与回归有关的其他统计量，此值越小，说明拟合程度越好。

（5）观测值：是指用于估计回归方程的数据的观测值个数。

模块二：方差分析结果，如图 5.20 所示。

方差分析	df	SS	MS	F	Significance F
回归分析	1	1789413791	1789413791	971.4951017	7.49241E-24
残差	29	53415606.37	1841917.461		
总计	30	1842829397			

图 5.20　方差分析结果

方差分析表的主要作用是通过 F 检验来判断回归模型的回归效果。

（1）df 列为自由度。

（2）SS 为平方和。

（3）MS 为均方差：MS = SS/df。

（4）F 为对回归方程进行显著性检验的统计量。

（5）$F = \dfrac{\text{SSR}/1}{\text{SSE}/(n-2)} \sim F(1, n \sim 2)$。

（6）Significance F 相当于计算后所得到的 P 值。

模块三：回归参数表，如图 5.21 所示。

	Coefficients	标准误差	t Stat	P-value	Lower 95%
Intercept	4125.41337	679.9313538	6.067396874	1.32412E-06	2734.797611
X Variable 1	0.565678696	0.018148867	31.16881617	7.49241E-24	0.528560096

图 5.21　回归参数结果

（1）Intercept：截距 α。

（2）第二、第三行：α（截距）和 β（斜率）的各项指标。

（3）第二列：回归系数 α（截距）和 β（斜率）的值。

（4）第三列：回归系数的标准误差

（5）第四列：根据原假设 H_0：$\beta_0 = \beta_1 = 0$ 计算的样本统计量 t 的值。

（6）第五列：各个回归系数的 p 值（双侧）

（7）第六列：α 和 β 为 95% 的置信区间的上下限。

5.3.3　回归检验

5.3.3.1　回归系数检验

对回归系数检验的目的是，根据样本回归估计的结果对总体回归函数的有关假设进行检验，以检验总体回归系数是否等于某些特定的数值。一般只需要对斜率进行检验，具体步骤如下：

（1）提出假设 H_0：$\beta = 0$ 和 H_1：$\beta \neq 0$。

（2）计算统计量。当 σ^2 未知，且样本容量较小时，统计量 $\dfrac{\beta}{S_e(\beta)}$ 服从自由度为（$n-2$）的 t 分布，即 $t = 31.1688$。

（3）给定显著性水平 $\alpha = 0.05$，查表得到临界值为 2.045。

（4）因为 31.1688 > 2.045，拒绝原假设，即各地区的人均可支配收入对人均消费支出有显著影响。

相关 Excel 操作参考假设检验的相关内容。

5.3.3.2　回归方程检验

在一元线性回归分析中，对回归系数的检验和对回归方程的检验是等价的。以下介绍回归方程显著性检验的方法。

（1）提出假设：

$$H_0: \beta = 0 \quad H_1: \beta \neq 0$$

或

$$H_0: 回归方程不显著 \quad H_1: 回归方程显著$$

（2）计算统计量：$F = \dfrac{ESS/1}{RSS/(n-2)}$。

（3）计算临界值 $F_\alpha(1, n-2)$。

（4）决策：

方法一：如果 $F > F_\alpha(1, n-2)$，拒绝 H_0，表明 X 和 Y 之间存在显著的线性关系。

方法二：如果 Significance F 小于显著性水平 α，拒绝 H_0，表明 X 和 Y 之间存在显著的线性关系。

在【案例 5.2】中，其检验步骤如下：

（1）提出假设 H_0（回归方程不显著）和 H_1（回归方程显著）。

（2）计算统计量：$F = \dfrac{\text{MSR}}{\text{MSE}} = \dfrac{\sum (\hat{y} - \bar{y})^2 / 1}{\sum (y - \hat{y})^2 / (n - 2)} = 7.4924\mathrm{E}{-}24$。

（3）给定显著性水平 $\alpha = 0.05$，查表得到临界值为 $F_{0.05}(1, 29) = 4.18$。

（4）因为 $7.4924\mathrm{E}{-}24 < 4.18$ 拒绝原假设，回归方程显著，即各地区的人均可支配收入对人均消费支出有显著影响。

其中，SSE、SST、SSR 的计算如表 5.5 所示。

表 5.5　SSE、SST、SSR 的计算

人均可支配收入（x）	人均消费支出（y）	回归值	残差平方（SSE）	总离差（SST）	回归离差（SSR）
78027	48879	48265.2873	376643.2781	623481568.5	593209874.7
75002	43640	46554.0448	8491657.096	389297085.5	512780522.5
57541	36668	36676.3571	69.84112041	162782203.2	162995523.1
47498	31451	30995.032	207906.817	56875925.18	50206363.69
47449	33188	30967.3127	4931452.084	86092657.41	49814313.82
44993	31589	29577.9535	4044308.025	58976454.34	32132645.07
40659	28440	27126.2097	1726044.952	20526453.28	10347947.66
35705	22821	24323.7319	2258203.163	1184586.472	171681.616
35112	23831	23988.2718	24734.41908	6144.536941	6222.796403
34108	22658	23420.309	581115.0115	1565969.666	239197.3847
33803	24598	23247.7705	1823119.703	474187.7305	437736.5211
31993	22798	22223.8535	329644.2035	1235181.279	2841023.506
30904	21911	21607.8062	91926.48036	3993550.989	5297274.624
30829	23846	21565.3787	5201233.514	4017.924037	5494375.364
30610	20290	21441.4904	1325930.141	13099962.96	6090514.106
30457	22242	21354.9383	786878.4596	2780179.73	6525208.655
29383	19954	20747.3765	629446.2708	15645087.09	9998311.014
29080	21518	20575.9694	887421.6513	5718732.247	11111673.54
28568	19347	20286.331	882342.7276	20815376.02	13126535.48
27904	20024	19910.7062	12835.48512	15096232.89	15989448.91
27770	19605	19834.9024	52855.11353	18527748.28	16601425.54
27426	17191	19640.3016	5999078.328	45136725.18	18225090.98
27159	20636	19489.2597	1315013.316	10715063.09	19537526.2
26811	18391	19292.3961	812514.9291	30452596.15	21316605.86

表5.5(续)

人均可支配 收入（x）	人均消费 支出（y）	回归值	残差平方 （SSE）	总离差 （SST）	回归离差 （SSR）
26727	18088	19244.8773	1338365.087	33888547.73	21757651.64
26075	18961	18876.0409	7218.048673	24486534.86	25334573.94
25919	19020	18787.7917	53920.69459	23906106.18	26230739.41
25666	18851	18644.6696	42572.23396	25587280.02	27717250.32
24950	15342	18239.6284	8396250.344	73400121.67	32146163.68
23996	17957	17699.9506	66074.39404	35430912.15	38557101.61
22066	17456	16608.1496	718850.3008	41646205.02	53308068.98
平均值	23909.3871		53415626.11	1842829397	1789548592

从上述计算可得：SSE = 53415626.11，SST = 1842829397，SSR = 1789548592。

5.3.3.3 回归误差估计

由前面计算可得，可决系数为 $0.9854^2 = 0.9710$，从而有 97.10% 可以由人均可支配收入与人均消费支出的线性关系来解释。回归估计标准误差为 $s_e = \sqrt{\dfrac{SSE}{n-2}} =$

$\sqrt{\dfrac{53415626.11}{31-2}} = 1357.17$，或者采用计算公式 $s_e = \sqrt{\dfrac{\sum y^2 - \alpha \sum y - \beta \sum xy}{n-2}} = 1357.17$。

5.3.4 回归模型的预测

由样本回归函数的意义不难理解，回归方程只是对自变量取某一个固定值时因变量的平均值的点估计，是一个随机变量，对平均值的点预测值不一定等于因变量预测值的真实个别值，还需要对估计值可能的置信区间做出预测，也就是对估计值进行区间估计。

根据相关理论，给定显著性水平 α，一元回归时 y_c 的置信度为 $1-\alpha$ 的预测区间为

$$y_c - t_{\alpha/2}(n-2)S_d \leqslant y \leqslant y_c + t_{\alpha/2}(n-2)S_d$$

其中，$S_d = S_e \sqrt{1 + \dfrac{1}{n} + \dfrac{(x_0 - \bar{x})^2}{\sum (x - \bar{x})^2}}$。

针对本回归案例 $y = 4125.4134 + 0.5657x$，假设下一年人均可支配收入为 80000，则人均消费支出点回归值为 49381.41，人均可支配收入平均值为 34973.87。

调整后标准差为 $S_d = 1357.17 \sqrt{1 + \dfrac{1}{31} + \dfrac{(80000 - 34973.87)^2}{\sum (x - 34973.87)^2}} = 1602.84$。

其中，$\sum (x - 34973.87)^2 = 5592051131$，计算过程如表 5.5 所示。

表 5.6　平方和计算

人均可支配收入 (x)	$(x - 34973.87)^2$
78027	1853572003
75002	1602251191
57541	509275356.4
47498	156853832.3
47449	155628868.5
44993	100382966
40659	32320703.12
35705	534551.0769
35112	19079.8969
34108	749730.8569
33803	1370936.557
31993	8885585.957
30904	16563841.82
30829	17179947.32
30610	19043361.38
30457	20402114.6
29383	31257827.36
29080	34737703.58
28568	41035170.46
27904	49983061.82
27770	51895742.98
27426	56970341.54
27159	61072193.12
26811	66632446.64
26727	68010864.8
26075	79189887.28
25919	81990670.72
25666	86636443.94
24950	100477969.8
23996	120513629.7
22066	166613107.9
34973.87	5592051131

如果显著性水平 $\alpha = 0.05$，则当人均可支配收入为 80000 时，人均消费支出的回归区间为

$$(49381.41 - t_{0.025}(31 - 2)S_d \leqslant y \leqslant 49381.41 + t_{0.025}(31 - 2)S_d)$$

即　$(49381.41 - 2.0452 \times 1602.84 \leqslant y \leqslant 49381.41 + 2.0452 \times 1602.84)$

所以，当人均收入为 80000 时，人均消费支出的范围为（46103.28，52659.54）。

5.4 结论

回归分析是统计研究应用最广泛的一种办法。但回归分析要求大样本，只有通过大量的数据才能得到量化的规律，这给很多无法得到或一时缺乏数据的实际问题的解决带来困难。

回归分析还要求样本有较好的分布规律，而很多实际情形并非如此。例如，新中国成立以来经济方面有几次大起大落，难以满足样本有较规律的分布要求。因此，有了大量的数据也不一定能得到统计规律，甚至即使得到了统计规律，也并非任何情况都可以分析。另外，回归分析不能分析因素间动态的关联程度，即使是静态，其精度也不一定高，且有可能出现反常现象。

线性拟合问题的特点是，根据得到的若干有关变量的一组数据寻找因变量与（一个或几个）自变量之间的一个函数，使这个函数对那组数据拟合得最好。通常，函数的形式可以由经验、先验知识或对数据的直观观察决定，要做的工作是由数据用最小二乘法计算函数中的待定系数。从计算的角度看，问题似乎已经完全解决，还有进一步研究的必要吗？从数理统计的观点看，这里涉及的都是随机变量，我们根据一个样本计算出的那些系数，只是它们的一个（点）估计，应该对它们做区间估计或假设检验。如果置信区间太大，甚至包含了零点，那么系数的估计值是没有多大意义的。此外，也可以用方差分析方法对模型的误差进行分析，对拟合的优劣给出评价。

简单地说，回归分析就是对拟合问题作的统计分析。回归分析中可能会用到数据中心化处理和平移化处理。数据的标准化处理数据的中心化处理是指平移变换数据的无量纲化处理。在实际问题中，不同变量的测量单位往往是不一样的。为了消除变量的量纲效应，使每个变量都具有同等的表现力，数据分析中常用的消量纲的方法，是对不同的变量进行所谓的压缩处理，即使每个变量的方差均变成 1。所谓对数据的标准化处理，是指对数据同时进行中心化、压缩处理。

回归处理只是数据处理的一种基本方法，在处理过程中还需要采用各种不同的处理技术进行数据变换，以期得到最优效果、获得真实规律。

6

Excel 在时间序列分析中的应用

时间序列是按照时间先后顺序排列而形成的数据系列。时间序列分析（time series analysis）是一种动态数据处理的统计方法。该方法基于随机过程理论和数理统计学方法，研究随机数据序列所遵从的统计规律，以用于解决实际问题。

6.1　时间序列指标

时间序列指标一般包括水平指标和速度指标。水平指标是反映一定时期或一定时点事物发展规模或水平的指标，一般用绝对数表示。

时间序列水平指标包括发展水平和平均发展水平、增长量和平均增长量；根据时期不同，时间序列水平又可以分为基期水平和报告期水平、逐期增长量和累积增长量等指标。

速度指标包括发展速度、增长速度。其中，发展速度又可以分为定基发展速度、环比发展速度、平均发展速度、总发展速度等，增长速度又可以分为定基增长速度、环比增长速度、平均增长速度等。

6.2　时间序列基本模型

影响时间序列的构成因素包括长期趋势、季节变动、循环变动和偶然因素。长期趋势是事物发展的必然规律体现，季节变动是事物随着季节变化而出现波动，循环变动是事物每间隔一个周期做出的相同变化，偶然因素是不规则的变化、无法预测的变化。图 6.1 至图 6.4 是各种不同情况下的发展路径图示。

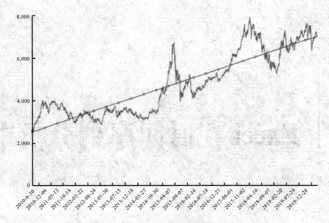

图 6.1 长期趋势

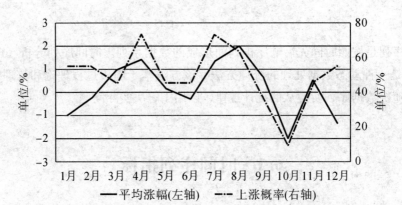

图 6.2 2009—2020 年 PVC 的季节性波动规律

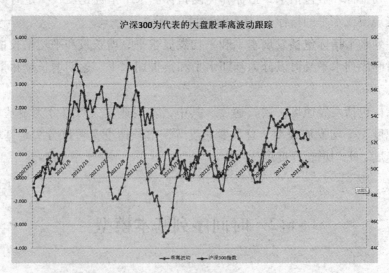

图 6.3 循环变动

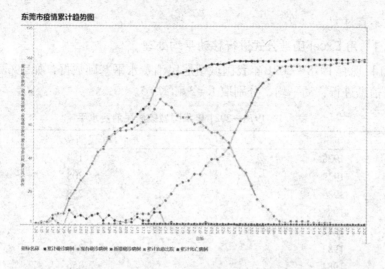

东莞市疫情累计趋势图

图例名称 ■累计确诊病例 ■现有确诊病例 ■新增确诊病例 ■累计出院 ■累计死亡病例

图 6.4　不规则变动

6.3　时间序列长期趋势分析

长期趋势是指在相当长的时期内社会现象表现为持续不断地增长或下降的趋势。长期趋势表现为向上发展趋势的,如工农业产品的产量、商品流转额等;长期趋势表现为向下发展趋势的,如成本不断降低等。还有若干数列在相当长的时期内并无明显升降趋势,可称之为水平趋势。在一个长时间的动态序列中,往往存在受不同因素影响的几种变动,如受某种根本性原因所决定的长期变动趋势和一年内季节因素影响的季节变动以及其他变动。对动态数列进行统计分析的一项重要任务,就是要分别测定这些变动。测定长期趋势的主要方法有移动平均法、指数平滑法、趋势回归法。

6.3.1　移动平均法

移动平均法是用一组最近的实际数据值来预测未来一期或几期数据变化的一种常用方法。移动平均法适用于即期预测。当时间序列既不能快速增长也能不快速下降,且不存在季节性因素时,移动平均法能有效地消除预测中的随机波动,是非常有用的。

移动平均法是选择一定的用于平均的时距项数 K,采用对序列逐项递移的方式,对原序列递移的 K 项计算一系列序时平均数,这些序时平均数又形成新序列,在一定程度上消除或削弱了原序列中的由于短期偶然因素引起的不规则变动和其他成分,对原序列起到了修匀作业,从而呈现出现象在较长时期的发展趋势。

当移动平均法时距项数 K 为奇数时,只需要一次移动平均,其移动平均值作为移动平均项数的中间一期的数值;当移动平均法时距项数 K 为偶数时,无法对正某一个时期,需要再次移动平均才能对正某一个时期,称为移正平均,也称中心化的移动平均数。移动平均后,新序列项数会减少,当 K 为奇数时,新序列首尾各减少 $(K-1)/2$ 项,当 K 为偶数时,新序列首尾各减少 $K/2$ 项,因此会丢失部分信息,原则上移动平均的项数不宜过大。

6.3.1.1 用 Excel 函数公式进行移动平均处理

【例 6.1】现有 1978—2021 年我国城镇居民消费水平基础数据，如表 6.1 所示。现欲对该数据信息进行移动平均，分别取 K=3 和 K=5。

表 6.1 1978—2021 年我国城镇居民消费水平 　　　　　　　　　单位：元

年份	居民消费水平
1978	184
1979	208
1980	238
1981	264
1982	284
1983	315
1984	356
1985	440
1986	496
1987	558
1988	684
1989	785
1990	831
1991	916
1992	1057
1993	1332
1994	1799
1995	2329
1996	2763
1997	2974
1998	3122
1999	3340
2000	3712
2001	3968
2002	4270
2003	4555
2004	5071
2005	5688
2006	6319
2007	7454
2008	8505
2009	9249
2010	10575
2011	12668
2012	14074
2013	15586
2014	17220
2015	18857

表6.1(续)

年份	居民消费水平
2016	20801
2017	22969
2018	25245
2019	27504
2020	27438
2021	30307

三项移动平均的基本操作步骤如下：

S1：选中 C3 单元格，输入公式 "=average(B2:B4)"。

S2：点击 C3 单元格，待鼠标变成填充柄时拖曳鼠标一直到 C44。

五次移动平均法的操作方法与此类似。其操作结果如图 6.5 所示。

年份	居民消费水平(元)	三次移动平均	五次移动平均
1978	184		
1979	208	210	
1980	238	236.6666667	235.6
1981	264	262	261.8
1982	284	287.6666667	291.4
1983	315	318.3333333	331.8
1984	356	370.3333333	378.2
1985	440	430.6666667	433
1986	496	498	506.8
1987	558	579.3333333	592.6
1988	684	675.6666667	670.8
1989	785	766.6666667	754.8
1990	831	844	854.6
1991	916	934.6666667	984.2
1992	1057	1101.666667	1187
1993	1332	1396	1486.6
1994	1799	1820	1856
1995	2329	2297	2239.4
1996	2763	2688.666667	2597.4
1997	2974	2953	2905.6
1998	3122	3145.333333	3182.2
1999	3340	3391.333333	3423.2
2000	3712	3673.333333	3682.4
2001	3968	3983.333333	3969
2002	4270	4264.333333	4315.2
2003	4555	4632	4710.4
2004	5071	5104.666667	5180.6
2005	5688	5692.666667	5817.4
2006	6319	6487	6607.4
2007	7454	7426	7443
2008	8505	8402.666667	8420.4
2009	9249	9443	9690.2
2010	10575	10830.66667	11014.2
2011	12668	12439	12430.4
2012	14074	14109.33333	14024.6
2013	15586	15626.66667	15681
2014	17220	17221	17307.6
2015	18857	18959.33333	19086.6
2016	20801	20875.66667	21018.4
2017	22969	23005	23075.2
2018	25245	25239.33333	24791.4
2019	27504	26729	26692.6
2020	27438	28416.33333	
2021	30307		

图 6.5　移动平均法

6.3.1.2 用数据分析工具进行移动平均

利用 Excel 数据分析工具也可以进行移动平均处理，具体操作步骤如下：

S1：单击"数据"选项，弹出"数据分析"对话框，在"分析工具"列表中选择"移动平均"选项，如图 6.6 所示。

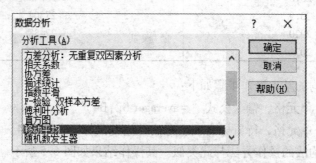

图 6.6　移动平均分析工具

S2：单击"确定"按钮，弹出"移动平均"对话框，如图 6.7 所示。

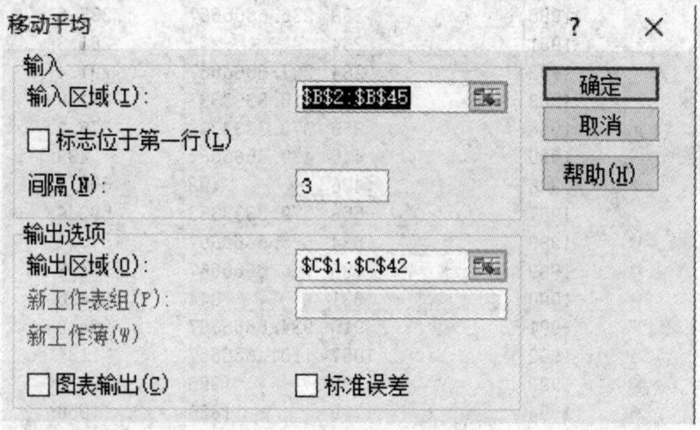

图 6.7　移动平均设置

输入区域：输入待分析数据所在的单元格区域。

标志位于第一行：输入区域的第一行中需包含标志项时，选中此复选框。

间隔：这些输入用来进行移动平均的间隔时序期数。

输出区域：在此输入对应输出结果的左上角第一个单元格的引用，这个单元格通常要与输入区域的第一个数据对齐，这样输出的结果才能与原序列时间相对应。当输出表将覆盖已有数据，或输出表越过了工作表边界时，Excel 会自动输出区域的大小并显示信息。

图表输出：选中此复选框，在输出表中生成一个嵌入式直方图。

标准误差：选中此复选框，可以在输出表的一列中包含标准误差值。此标准误差为前三组数据对应的实际值与预测值的标准误差（Excel 中标准误差的计算公式采用了 sqrt 函数和 sumxmy2 函数）。

S3：点击确定，即可得到所要结果。

对于偶数项移动期数的移动平均，Excel 的操作过程和奇数项相同，只是在偶数项移动平均后，为了对正相应的时间点，还需要移正平均。移正平均的 Excel 操作方法是进行一次期数为 2 的移动平均过程，具体操作步骤同上。

6.3.2　指数平滑法

指数平滑法是通过计算一系列指数平滑值消除不规则变动，揭示现象基本趋势的方法。指数平滑法是在移动平均法基础上发展起来的一种时间序列分析预测法，它是通过计算指数平滑值，配合一定的时间序列预测模型对现象的未来进行预测。其原理是任一期的指数平滑值都是本期实际观察值与前一期指数平滑值的加权平均值。

指数平滑法的基本计算公式为

$$E_t = E_{t-1} + \alpha(y_t - E_{t-1})$$

或

$$E_t = \alpha y_t + (1 - \alpha)E_{t-1}$$

其中，E_t 为第 t 期的指数平滑值，E_{t-1} 为第 $t-1$ 期的指数平滑值，y_t 为第 t 期的实际观测值，α 为平滑系数，介于 $0\sim1$ 之间。

需要注意的是，E_0 为初始值，当项数较多时，可以设定为 y_1，即 $E_0 = y_1$，当项数较少时，可以取最初几期的观测值的平均数作为初始值。

仍然以【例 6.1】中 1978—2021 年我国城镇居民消费水平基础数据为例，介绍 Excel 指数平滑法的操作方法。

S1：将表 6.1 的数据输入 Excel 工作表的单元格区域。选择"工具"菜单中的"数据分析"命令，弹出"数据分析"对话框，在"分析工具"列表中选择"指数平滑"选项，如图 6.8 所示。

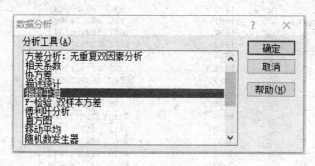

图 6.8　指数平滑分析工具

S2：单击"确定"按钮，弹出"指数平滑"对话框，并进行设置，如图 6.9 所示。

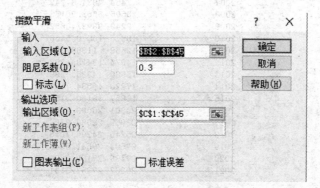

图 6.9　指数平滑设置

输入区域：输入待分析数据所在的单元格区域。

阻尼系数：输入阻尼系数：$1-$平滑系数 α。

标志：输入区域的第一行中需包含标志项时，选中此复选框。

输出区域：在此输入对应输出结果的左上角第一个单元格的引用。这个单元格通常要与输入区域的第一个数据对齐，这样输出的结果才能与原序列时间相对应。此分析工具的输出区域必须与输入区域在同一工作表中，因此"新工作表组"和"新工作簿"选项均不可用。

图表输出：选中此复选框，在输出表中生成一个嵌入式直方图。

标准误差：选中此复选框，可以在输出表的一列中包含标准误差值。此标准误差为前三组数据对应的实际值与预测值的标准差。

S3：点击确定，即可得到如图 6.10 所示的结果。

	年份	居民消费水平(元)y_t	$\alpha=0.3$
1	1978	184	184
2	1979	208	200.8
3	1980	238	226.84
4	1981	264	252.852
5	1982	284	274.6556
6	1983	315	302.89668
7	1984	356	340.069004
8	1985	440	410.020701
9	1986	496	470.20621
10	1987	558	531.661863
11	1988	684	638.298559
12	1989	785	740.989568
13	1990	831	803.99687
14	1991	916	882.399061
15	1992	1057	1004.61972
16	1993	1332	1233.78592
17	1994	1799	1629.43577
18	1995	2329	2119.13073
19	1996	2763	2569.83922
20	1997	2974	2852.75177
21	1998	3122	3041.22553
22	1999	3340	3250.36766
23	2000	3712	3573.5103
24	2001	3968	3849.65309
25	2002	4270	4143.89593
26	2003	4555	4431.66878
27	2004	5071	4879.20063
28	2005	5688	5445.36019
29	2006	6319	6056.90806
30	2007	7454	7034.87242
31	2008	8505	8063.96173
32	2009	9249	8893.48852
33	2010	10575	10070.5466
34	2011	12668	11888.764
35	2012	14074	13418.4292
36	2013	15586	14935.7288
37	2014	17220	16534.7186
38	2015	18857	18160.3156
39	2016	20801	20008.7947
40	2017	22969	22080.9384
41	2018	25245	24295.7815
42	2019	27504	26541.5345
43	2020	27438	27169.0603
44	2021	30307	27357.3181

图 6.10　指数平滑计算结果

6.3.3　趋势回归法 ├─────────────────────────

趋势回归法也称模型法，实际上就是回归分析法，是指把时间序列两个变量看成两个回归因素，建立回归方程。

线性趋势方程的一般形式为

$$\hat{y} = a + bt$$

式中，$\hat{y}$ 为时间序列的趋势值，t 为时间的标号，a 为截距，b 为趋势线的斜率，根据回归分析理论，可以用最小二乘法得到参数 a 和 b，即

$$b = \frac{n\sum ty - \sum t \sum y}{n\sum t^2 - \left(\sum t\right)^2}$$

$$a = \bar{y} - b\bar{t} = \frac{\sum y}{n} - b\frac{\sum t}{n}$$

其中，时间 t 可以采取简便方法计算，如果是奇数项，采取 -2，-1，0，1，2……的时间编号方式；如果是偶数项，采取 -3，-1，1，3……的时间编号方式。基本原则满足两个条件：一是保证 $\sum t = 0$，二是时间项间隔始终相等。从而参数 b 和 a 的计算公式可以简化为

$$b = \frac{\sum ty}{\sum t^2}, \quad a = \bar{y} - b\bar{t} = \frac{\sum y}{n}$$

【例 6.2】某企业 2014—2020 年某产品产量资料如表 6.2 所示。

表 6.2　某企业 2014—2020 年某产品产量　　　　　　　　单位：万吨

年份	2014	2015	2016	2017	2018	2019	2020
产量	31	46	60	75	92	107	122

要求：

（1）该动态数列的变动趋势是否符合直线趋势；

（2）如果符合，请利用上述资料拟合直线趋势方程；

（3）试预测该企业 2021 年该产品产量是多少。

首先判断是否符合直线趋势，如图 6.11 所示。

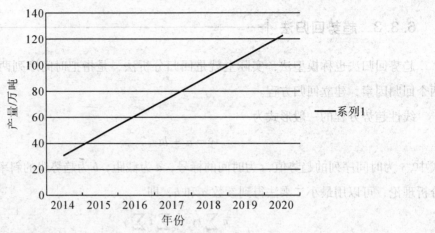

图 6.11　折线图

然后列表计算趋势方程，如图 6.12 所示。

	A	B	C	D	E	F	G	H
1	年份	2014	2015	2016	2017	2018	2019	2020
2	产量	31	46	60	75	92	107	122
3								
4		年份t	产量y	t^2	ty			
5		-3	31	9	-93			
6		-2	46	4	-92			
7		-1	60	1	-60			
8		0	75	0	0			
9		1	92	1	92			
10		2	107	4	214			
11		3	122	9	366			
12	合计	0	533	28	427			

图 6.12　趋势方程计算

由此可以得到 $\sum t = 0$，$\sum y = 533$，$\sum t^2 = 28$，$\sum ty = 427$，从而

$$b = \frac{\sum ty}{\sum t^2} = \frac{427}{28} = 15.25 \quad a = \frac{\sum y}{n} = \frac{533}{7} = 76.14$$

回归方程为 $y = 76.14 + 15.25t$。

所以，2021 年该产品产量为 $y = 76.14 + 15.25 \times 4 = 137.14$。

6.4　时间序列季节波动分析

季节变动常会给社会经济生活带来某种影响，测定季节变动的意义在于通过分析与测定过去的季节变动规律，为当前的经营管理决策提供依据，还可以预测未来，制定合理规划。测定季节变动的方法有原始资料法和趋势剔除法。

6.4.1　原始资料平均法

原始资料法不考虑长期趋势的影响，以若干年资料数据求出同月份或同季度的平

均水平与全周期平均水平，两者对比得出各月或各季度的季节指数来表明季节变动的程度。季节指数是用来刻画动态数列在一个年度内各月或各季度的典型季节特征，反映某一个月份或季度的数值占全年平均数值的比重。如果现象没有季节波动，则各期的季节指数应该相等而且都等于100%，如果某一个月或季度季节指数明显偏离100%，则可以判断存在季节波动。

原始资料法的具体步骤如下：

S1：列表，将各年同月（季度）的数值列在同一栏内。

S2：将各年同月（季度）数值加总，求出月（季度）平均数。

S3：将所有月（季度）数值加总，求出总的月（季度）平均数。

S4：求季节指数，计算公式为

$$S = \frac{各月（季）平均数}{全期各月（季）平均数} \times 100\%$$

【例6.3】某食品加工企业工业增加值资料如表6.2所示。

表6.3 某食品加工企业工业增加值　　　　　　　　　　　单位：万元

年份	月份											
	1	2	3	4	5	6	7	8	9	10	11	12
2017	10	50	80	90	50	20	8	9	10	60	50	20
2018	15	54	85	93	51	22	9	9	11	75	54	22
2019	22	60	88	95	56	23	9	10	14	81	51	23
2020	23	64	90	99	60	30	11	12	15	85	59	25
2021	25	70	93	98	62	32	13	14	19	90	61	28

在原始数据的基础上，现列表计算季节指数，如表6.3所示。

表6.4 某食品加工企业工业增加值的季节指数　　　　　　单位：万元

年份	月份											
	1	2	3	4	5	6	7	8	9	10	11	12
2017	10	50	80	90	50	20	8	9	10	60	50	20
2018	15	54	85	93	51	22	9	9	11	75	54	22
2019	22	60	88	95	56	23	9	10	14	81	51	23
2020	23	64	90	99	60	30	11	12	15	85	59	25
2021	25	70	93	98	62	32	13	14	19	90	61	28
月平均	19	60	87	95	56	25	10	11	14	78	56	24
季节指数/%	43	134	196	214	126	57	22	24	31	176	124	53

全期各月平均数为

$$全期各月平均数 = \frac{\sum 各月数据}{60} = \frac{2667}{60} = 44.45$$

从而计算出每个月的季节指数，比如 1 月份季节指数为

$$S_1 = \frac{19}{44.45} \times 100\% = 43\%$$

利用 Excel 计算季节指数的步骤如下：

S1：在表右边增加一列计算各年合计，在 N2 单元格输入公式"=SUM(B2:M2)"，然后按列填充 N2:N6 区域。

S2：在数据后增加一行计算各月合计，在 B7 单元格输入公式"=SUM(B2:B6)"，然后按行填充 B7:N7 区域。

S3：计算各月平均值，在 B8 单元格输入公式"=B7/5"，然后按行填充 B8:M8 区域。

S4：计算总平均，在 N8 单元格输入公式"=N7/60"。

S5：计算季节指数，在 B9 单元格输入公式="B8/N8*100"，然后按行填充 B9:M9 区域。

S6：在 N9 单元格输入求和公式"=SUM(B9:M9)"得到季节指数总和。如图 6.13 所示。

	A	B	C	D	E	F	G	H	I	J	K	L	M	N
1	月份	1	2	3	4	5	6	7	8	9	10	11	12	各年合计
2	2017	10	50	80	90	50	20	9	8	10	60	50	20	457
3	2018	15	54	85	93	51	22	9	9	11	75	54	22	500
4	2019	22	60	88	95	56	23	9	10	14	81	51	23	532
5	2020	23	64	90	99	60	30	11	12	15	85	59	25	573
6	2021	25	70	93	98	62	32	12	14	19	90	61	28	605
7	各月合计	95	298	436	475	279	127	50	54	69	391	275	118	2667
8	各月平均	19	59.6	87.2	95	55.8	25.4	10	10.8	13.8	78.2	55	23.6	44.45
9	季节比率	42.74466	134.0832	196.1755	213.7233	125.5343	57.14286	22.49719	24.29696	31.04612	175.928	123.7345	53.09336	1200

图 6.13　季节指数计算

根据上述计算，画出季节指数的折线图，可以明显看出季节波动情况，如图 6.14 所示。

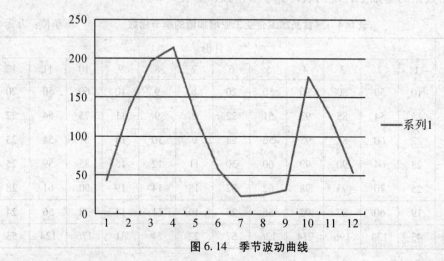

图 6.14　季节波动曲线

6.4.2　趋势—循环剔除法

在具有明显长期趋势的时间序列中，为了测定季节变动，需要将长期趋势变动因

素剔除。具体步骤如下：

S1：计算移动平均值，季节指数采用 4 项移动平均，月份数据采用 12 项移动平均，将结果进行中心化处理，得到各期长期趋势值 T_t。

S2：将序列的各观察值除以相应的中心化移动平均值，即 $\dfrac{Y_t}{T_t}$，得到剔除长期趋势后的季节变动指数。

S3：用平均的方法消除循环变动过和不规则变动，计算出各比值的季节（月）平均值，即季节指数。

S4：调整季节指数，若季节指数的平均数不等于 1，则将 S3 计算的每个季节指数的平均值除以它们的总平均值。

【例 6.4】某企业 2018—2021 年产品销量数据如表 6.5 所示，计算其季节指数。

表 6.5　某企业 2018—2021 年产品销量　　　　　　　　　　单位：万台

年份	第一季度	第二季度	第三季度	第四季度
2018	4.8	4.1	6.0	6.5
2019	5.8	5.2	6.8	7.4
2020	6.0	5.6	7.5	7.8
2021	6.3	5.9	8.0	8.4

首先，用移动平均法求长期趋势值 T_t，接着利用公式计算剔除长期趋势后的季节指数，如表 6.6 所示。

表 6.6　某企业 2018—2021 年产品销量的移动和季节变动指数

年份	季度	销售量/万台	移动平均值	移正平均值	季节变动指数
2018	1	4.8			
	2	4.1	5.350		
	3	6.0	5.600	5.475	1.096
	4	6.5	5.875	5.738	1.133
2019	1	5.8	6.075	5.975	0.971
	2	5.2	6.300	6.188	0.840
	3	6.8	6.350	6.325	1.075
	4	7.4	6.450	6.400	1.156
2020	1	6.0	6.625	6.538	0.918
	2	5.6	6.725	6.675	0.839
	3	7.5	6.800	6.763	1.109
	4	7.8	6.875	6.838	1.141
2021	1	6.3	7.000	6.938	0.908
	2	5.9	7.150	7.075	0.834
	3	8.0			
	4	8.4			

其次，利用同季度平均的方法计算销量动态数列的季节指数，消除循环变动和不规则变动，如表 6.7 所示。

表 6.7　某企业 2018—2021 年季节变动指数

年份	第一季度	第二季度	第三季度	第四季度
2018			1.096	1.133
2019	0.971	0.840	1.075	1.156
2020	0.918	0.839	1.109	1.141
2021	0.908	0.834		
各季平均	0.9323	0.8377	1.0933	1.1433
季节指数/%	93.23	83.77	109.33	114.33

如果求得的四个季节指数平均数不为 1，还需要进行调整。该例题四个季节的指数平均数为 1，无须调整。

利用 Excel 计算循环剔除的步骤如下：

S1：在 A1：C17 区域中输入基础数据。

S2：在 D3 单元格输入公式“=average(C2:C5)”，并按列填充到 D15，计算四项移动平均值。

S3：在 E4 单元格中输入公式“=average(D3:D4)”，并按列填充到 E15，计算移正平均值。

S4：在 F4 单元格中输入公式“=C4/E4”，计算季节变动指数，并按列填充到 F15，如图 6.15 所示。

	A 年份	B 季度	C 销量	D 移动平均	E 移正平均	F 季节变动指数
1	年份	季度	销量	移动平均	移正平均	季节变动指数
2	2018	1	4.8			
3		2	4.1	5.35		
4		3	6	5.6	5.475	1.095890411
5		4	6.5	5.875	5.7375	1.132897603
6	2019	1	5.8	6.075	5.975	0.970711297
7		2	5.2	6.3	6.1875	0.84040404
8		3	6.8	6.35	6.325	1.075098814
9		4	7.4	6.45	6.4	1.15625
10	2020	1	6	6.625	6.5375	0.917782027
11		2	5.6	6.725	6.675	0.838951311
12		3	7.5	6.8	6.7625	1.109057301
13		4	7.8	6.875	6.8375	1.140767824
14	2021	1	6.3	7	6.9375	0.908108108
15		2	5.9	7.15	7.075	0.833922261
16		3	8			
17		4	8.4			

图 6.15　季节变动指数计算

S5：另列表计算季节指数，将上述计算结果存入另一个工作表中。

S6：计算每个季度的平均指数，如在 B6 单元格输入公式“=average(B2:B5)”，依次按行填充 B6:E6。

S7：计算季节指数的平均值，在 B7 单元格输入公式 "= average（B6：E6）"，得到结果为 1，如图 6.16 所示。无须循环操作，到此为止。

	A	B	C	D	E
1	年份	第一季度	第二季度	第三季度	第四季度
2	2018			1.096	1.133
3	2019	0.971	0.84	1.075	1.156
4	2020	0.918	0.839	1.109	1.141
5	2021	0.908	0.834		
6		0.932333	0.837667	1.093333	1.143333
7	指数平均值	1.001666667			

图 6.16 季节指数平均值

7

Excel 在指数分析中的应用

指数是一种表明社会经济现象动态的相对数，运用指数可以测定不能直接相加和不能直接对比的社会经济现象的总动态，可以分析社会经济现象总变动中各因素变动的影响程度，可以研究总平均指标变动中各组标志水平和总体结构变动的作用。

7.1   指数概述

指数是一种反映社会经济现象数量变动的相对数，指数这一概念广泛应用于许多科学领域中，但能引起特别关注的还是经济学领域。在经济领域指数是一种表明社会经济现象动态的相对数。指数按所反映的现象范围不同，可以分为个体指数和总指数。前者是反映个体经济现象变动的相对数，后者是反映全部经济现象变动的相对数。指数按所反映的现象性质的不同，可以分为数量指数和质量指数，前者反映生产、经营或经济活动数量的变动，后者是说明经济活动质量变动的指数。指数按计算形式的不同，可以分为综合指数和平均数指数，前者指两个总量指标对比计算出来的指数，后者是前者的变形。指数按比较的基期不同，可以分为定基指数与环比指数。指数是经济学家"工具箱"的有用工具。作为经济分析的重要工具之一，指数能够为制定宏观经济政策、抑制通货膨胀或通货紧缩提供重要的依据。

一般来说，指数具有相对性、综合性和平均性等性质。相对性是指统计指数总体各变量在不同场合下对比形成的相对数，它可以度量一个变量在不同时间或不同空间的相对变化；综合性是指指数是一种特殊的相对数，它是由一组变量或项目综合对比形成的，没有综合性，指数就不能发展成为一种独立的理论和方法；平均性是指统计指数是总体水平的一个代表性指数，一方面指数进行比较的两个综合数量是作为个别量的一个代表，这本身就具有平均性，另一方面两个综合量对比形成的指数反映了个别量的平均变动水平。

7.2　指数的编制

目前，指数的类型层出不穷，但是编制指数的方法一般都是综合法和平均法。

综合法是先综合后对比，主要需要解决同度量问题，一般需要引入一个相关变量作为同度量因素。具体做法是：当指数化指标为质量因素时，引入数量因素作为同度量因素；当指数化指标为数量因素时，引入质量因素作为同度量因素。无论是数量指数还是质量指数，引入的同度量因素都需要固定在相同的比较时期。综合指数的计算公式如下：

$$I_{\text{质}} = \frac{\sum \text{报告期质量指标} \times \text{数量指标}}{\sum \text{基期质量指标} \times \text{数量指标}}$$

$$I_{\text{数}} = \frac{\sum \text{报告期数量指标} \times \text{质量指标}}{\sum \text{基期数量指标} \times \text{质量指标}}$$

历史上著名的统计学家帕煦（Paasche）和拉斯佩雷斯（Laspeyres）分别把同度量因素固定在报告期和基期，从而形成了著名的帕氏指数和拉氏指数。其计算公式分别为

$$\text{帕氏质量指数} \ P_p = \frac{\sum P_1 Q_1}{\sum P_0 Q_1}$$

$$\text{帕氏数量指数} \ P_q = \frac{\sum Q_1 P_1}{\sum Q_0 P_1}$$

$$\text{拉氏质量指数} \ L_p = \frac{\sum P_1 Q_0}{\sum P_0 Q_0}$$

$$\text{拉氏数量指数} \ L_q = \frac{\sum Q_1 P_0}{\sum Q_0 P_0}$$

一般情况下，在计算质量指数时把同度量因素固定在报告期，在计算数量指数时把同度量因素固定在基期。因此，通常有实际意义的计算都采用帕氏质量指数和拉氏数量指数。

平均法是先对比后综合，需要解决加权的问题。根据权的选取不一样，平均指数又分为加权平均指数、调和平均指数和固定权数平均指数。

加权平均质量指数的计算公式为

$$I_P = \frac{\sum \frac{P_1}{P_0} PQ}{\sum PQ}$$

加权平均数量指数的计算公式为

$$I_Q = \frac{\sum \frac{Q_1}{Q_0} PQ}{\sum PQ}$$

调和平均质量指数的计算公式为

$$I_P = \frac{\sum PQ}{\sum \frac{PQ}{\frac{P_1}{P_0}}}$$

调和平均数量指数的计算公式为

$$I_Q = \frac{\sum PQ}{\sum \frac{PQ}{\frac{Q_1}{Q_0}}}$$

固定权数平均质量指数的计算公式为

$$I_P = \frac{\sum \frac{P_1}{P_0} w}{\sum w}$$

固定权数平均数量指数的计算公式为

$$I_P = \frac{\sum \frac{Q_1}{Q_0} w}{\sum w}$$

一般情况下，以报告期价值量作为权的调和平均指数等价于帕氏综合指数，以基期价值量作为权的加权平均指数等价于拉氏综合指数，即有以下计算公式：

$$I_P = \frac{\sum \frac{P_1}{P_0} P_0 Q_0}{\sum P_0 Q_0} = \frac{\sum P_1 Q_0}{\sum P_0 Q_0}$$

$$I_Q = \frac{\sum \frac{Q_1}{Q_0} P_0 Q_0}{\sum P_0 Q_0} = \frac{\sum Q_1 P_0}{\sum Q_0 P_0}$$

$$I_P = \frac{\sum P_1 Q_1}{\sum \dfrac{P_1 Q_1}{\dfrac{P_1}{P_0}}} = \frac{\sum P_1 Q_1}{\sum P_0 Q_1}$$

$$I_Q = \frac{\sum P_1 Q_1}{\sum \dfrac{P_1 Q_1}{\dfrac{Q_1}{Q_0}}} = \frac{\sum P_1 Q_1}{\sum P_1 Q_0}$$

7.2.1 用 Excel 计算综合指数

利用 Excel 公式运算可以快速计算综合指数，下面通过举例说明其操作方法和相关技巧。

【例 7.1】某企业三种商品的销售量和销售价格统计数据如表 7.1 所示，试计算销售额总指数、销售量综合指数和销售价格综合指数。

表 7.1　某企业三种商品的销售量和销售价格

商品名称	计量单位	销售量		单价/元	
		2020 年	2021 年	2020 年	2021 年
甲产品	件	1800	1300	36	43
乙产品	箱	2400	2600	15	18
丙产品	个	3500	3800	8	10

利用 Excel 计算的操作步骤如下：

S1：计算各种商品的基期价值，在 G3 单元格输入公式 "=C3*E3"，按列填充 G3：G5，如图 7.1 所示。

	A	B	C	D	E	F	G
1	商品名称	计量单位	销售量		单价（元）		
2			2020年	2021年	2020年	2021年	P_0Q_0
3	甲	件	1800	1300	36	43	64800
4	乙	箱	2400	2600	15	18	36000
5	丙	个	3500	3800	8	10	28000

图 7.1　基期价值计算

S2：按照类似方法依次计算 $P_0 Q_1$、$P_1 Q_0$、$P_1 Q_1$，在 H3、I3、J3 单元格分别输入公式 "=E3*D3""=F3*C3" 和 "=F3*D3"，并分别按列填充公式，如图 7.2 所示。

	A	B	C	D	E	F	G	H	I	J
1	商品名称	计量单位	销售量		单价（元）		P_0Q_0	P_0Q_1	P_1Q_0	P_1Q_1
2			2020年	2021年	2020年	2021年				
3	甲	件	1800	1300	36	43	64800	46800	77400	55900
4	乙	箱	2400	2600	15	18	36000	39000	43200	46800
5	丙	个	3500	3800	8	10	28000	30400	35000	38000

图 7.2 价值计算

S3：计算各销售额的总和，即 $\sum P_0Q_0$、$\sum P_0Q_1$、$\sum P_1Q_0$、$\sum P_1Q_1$，在 G6 单元格输入公式"$= \mathrm{sum}(G3:G5)$"，并在 G6:J6 按行填充，如图 7.3 所示。

	A	B	C	D	E	F	G	H	I	J
1	商品名称	计量单位	销售量		单价（元）		P_0Q_0	P_0Q_1	P_1Q_0	P_1Q_1
2			2020年	2021年	2020年	2021年				
3	甲	件	1800	1300	36	43	64800	46800	77400	55900
4	乙	箱	2400	2600	15	18	36000	39000	43200	46800
5	丙	个	3500	3800	8	10	28000	30400	35000	38000
6	合计						128800	116200	155600	140700

图 7.3 求和计算

S4：计算销售额总指数，在 D7 单元格输入公式"$= J6/G6 * 100$"。

S5：计算销售量综合指数，在 D8 单元格输入公式"$= H6/G6 * 100$"。

S6：计算销售价格综合指数，在 D9 单元格输入公式"$= J6/H6 * 100$"，如图 7.4 所示。

	A	B	C	D	E	F	G	H	I	J
1	商品名称	计量单位	销售量		单价（元）		P_0Q_0	P_0Q_1	P_1Q_0	P_1Q_1
2			2020年	2021年	2020年	2021年				
3	甲	件	1800	1300	36	43	64800	46800	77400	55900
4	乙	箱	2400	2600	15	18	36000	39000	43200	46800
5	丙	个	3500	3800	8	10	28000	30400	35000	38000
6	合计						128800	116200	155600	140700
7	销售额总指数%			109.24						
8	销售量综合指数%			90.217						
9	销售价格综合指数%			121.08						

图 7.4 指数计算

7.2.2 用 Excel 计算平均指数

平均指数的计算方法类似，下面仍然以【例 7.1】的数据计算加权算术平均指数和加权调和平均指数。

7.2.2.1 加权算术平均指数

一般以基期价值量作为权的加权平均数量指数更有意义，这里以基期价值量为权计算销售量指数。

S1：计算各种商品的基期价值，在 G3 单元格输入公式"$= C3 * E3$"，按列填充 G3:G5，如图 7.5 所示。

	A	B	C	D	E	F	G
1	商品名称	计量单位	销售量		单价（元）		
2			2020年	2021年	2020年	2021年	P_0Q_0
3	甲	件	1800	1300	36	43	64800
4	乙	箱	2400	2600	15	18	36000
5	丙	个	3500	3800	8	10	28000

图 7.5　价值计算

S2：计算各种商品的个体数量指数 $I_q = \dfrac{Q_1}{Q_0}$，在 H3 单元格中输入公式"＝D3/C3"，并按列填充 H3：H5 区域，如图 7.6 所示。

	A	B	C	D	E	F	G	H
1	商品名称	计量单位	销售量		单价（元）			
2			2020年	2021年	2020年	2021年	基期销售额	数量个体指数
3	甲	件	1800	1300	36	43	64800	0.722222222
4	乙	箱	2400	2600	15	18	36000	1.083333333
5	丙	个	3500	3800	8	10	28000	1.085714286

图 7.6　个体指数计算

S3：计算 $I_q \times P_0Q_0$，在 I3 单元格输入公式"＝G3＊H3"，并按列填充 I3：I5 区域，如图 7.7 所示。

	A	B	C	D	E	F	G	H	I
1	商品名称	计量单位	销售量		单价（元）				
2			2020年	2021年	2020年	2021年	基期销售额	数量个体指数	
3	甲	件	1800	1300	36	43	64800	0.722222222	46800
4	乙	箱	2400	2600	15	18	36000	1.083333333	39000
5	丙	个	3500	3800	8	10	28000	1.085714286	30400

图 7.7　加权指数计算

S4：计算 $\sum P_0Q_0$ 和 $\sum I_q \times P_0Q_0$，在 G6 和 I6 单元格分别输入求和公式"＝SUM（G3：G5）"和"＝SUM(I3：I5)"，计算价值和。

S5：计算综合数量指数，在 C3 单元格中输入公式"＝I6/G6"，如图 7.8 所示。

	A	B	C	D	E	F	G	H	I
1	商品名称	计量单位	销售量		单价（元）				
2			2020年	2021年	2020年	2021年	基期销售额	数量个体指数	
3	甲	件	1800	1300	36	43	64800	0.722222222	46800
4	乙	箱	2400	2600	15	18	36000	1.083333333	39000
5	丙	个	3500	3800	8	10	28000	1.085714286	30400
6	合计						128800		116200
7	加权数量指数		0.9022						

图 7.8　综合数量指数计算结果

7.2.2.2　加权调和平均指数

一般以报告期价值量作为权的调和平均质量指数更有意义，这里以报告期价值量为权计算加权调和平均指数。

S1：计算各种商品的报告期价值，在 G3 单元格输入公式"＝C3＊E3"，按列填充 G3：G5，如图 7.9 所示。

	A	B	C	D	E	F	G
1	商品名称	计量单位	销售量		单价（元）		
2			2020年	2021年	2020年	2021年	P_1Q_1
3	甲	件	1800	1300	36	43	55900
4	乙	箱	2400	2600	15	18	46800
5	丙	个	3500	3800	8	10	38000

图 7.9 报告期价值计算

S2：计算各种商品的个体价格指数 $I_P = \dfrac{P_1}{P_0}$，在 H3 单元格中输入公式"＝F3/E3"，并按列填充 H3：H5 区域，如图 7.10 所示。

	A	B	C	D	E	F	G	H
1	商品名称	计量单位	销售量		单价（元）			
2			2020年	2021年	2020年	2021年	P_1Q_1	价格个体指数
3	甲	件	1800	1300	36	43	55900	1.194444444
4	乙	箱	2400	2600	15	18	46800	1.2
5	丙	个	3500	3800	8	10	38000	1.25

图 7.10 个体价格指数计算

S3：计算 P_1Q_1/I_p，在 I3 单元格输入公式"＝G3/H3"，并按列填充 I3：I5 区域，如图 7.11 所示。

	A	B	C	D	E	F	G	H	I
1	商品名称	计量单位	销售量		单价（元）				
2			2020年	2021年	2020年	2021年	P_1Q_1	价格个体指数	
3	甲	件	1800	1300	36	43	55900	1.194444444	46800
4	乙	箱	2400	2600	15	18	46800	1.2	39000
5	丙	个	3500	3800	8	10	38000	1.25	30400

图 7.11 调和指数计算

S4：计算 $\sum P_1Q_1$ 和 P_1Q_1/I_p，在 G6 和 I6 单元格分别输入求和公式"＝SUM（G3：G5）"和"＝SUM（I3：I5）"，计算价值和。

S5：计算综合数量指数，在 C7 单元格中输入公式"＝G6/I6"，结果如图 7.12 所示。

	A	B	C	D	E	F	G	H	I
1	商品名称	计量单位	销售量		单价（元）				
2			2020年	2021年	2020年	2021年	P_1Q_1	价格个体指数	
3	甲	件	1800	1300	36	43	55900	1.194444444	46800
4	乙	箱	2400	2600	15	18	46800	1.2	39000
5	丙	个	3500	3800	8	10	38000	1.25	30400
6	合计						140700		116200
7	加权数量指数		1.210843373						

图 7.12 综合数量指数计算结果

7.3 常用指数的计算

指数作为一种重要的经济分析指标和方法,在实践中获得了较为广泛的使用,但在不同场合使用指数形式不同,比较常见的有消费者价格指数和股票价格指数。

7.3.1 CPI 的计算

CPI 称为消费者价格指数,也叫居民消费价格指数或生活费用指数,是综合反映一定时期内居民购买的各种消费品的平均价格变动程度的相对数。

消费者价格指数是反映与居民生活有关的消费品及服务价格水平的变动情况的重要宏观经济指标,也是宏观经济分析与决策以及国民经济核算的重要指标。一般来说,CPI 的高低直接影响着国家的宏观经济调控措施的出台与力度,如央行是否调息、是否调整存款准备金率等。同时,CPI 的高低也间接影响资本市场(如股票市场、期货市场、资本市场、金融市场)的变化。

编制居民消费价格指数的目的是,了解全国各地价格变动的基本情况,分析研究价格变动对社会经济和居民生活的影响,满足各级政府制订政策和计划、进行宏观调控的需要,以及为国民经济核算提供参考和依据,是国家对居民发放物价补贴的依据。

消费者价格指数与就业形势报告(非农)结合在一起,就成了金融市场上被仔细研究的另一个热门的经济指标,因为通货膨胀影响着每一个人,它决定着消费者花费多少来购买商品和服务,左右着商业经营的成本,极大地破坏着个人或企业的投资,影响着退休人员的生活质量。而且,对通货膨胀的展望有助于设立劳动合同和制定政府的财政政策。

消费者价格指数测量的是随着时间的变化,包括食品、日用品类、衣着、家庭设备用品及维修服务、医疗保健和个人用品、交通和通信、娱乐教育文化用品和服务、居住 8 个类别,每个大类下面又分为若干中类、小类,目前有 262 个基本分类。每个分类下面又分为不同型号和规格,共有 600 多种各式各样的代表商品入编指数。在计算消费者物价指数时,每一个类别都有一个能显示其重要性的权数。这些权数是通过向成千上万的家庭和个人,调查他们购买的产品和服务而确定的。权数每两年修正一次,以使它们与人们改变了的偏好相符。

具体编制步骤如下:

S1:将全部商品划分为大类、中类、小类、品种、规格。

S2:确定各品种的代表规格品及权数 w。

S3:按照小类、中类、大类、总指数的顺序逐级计算各级指数,计算公式为

$$I_P = \frac{\sum \dfrac{P_1}{P_0} w}{\sum w}$$

【例7.2】根据表7.2中的数据计算2022年8月份某地区CPI。

表7.2　2022年8月份某地区CPI

商品大类	中类	小类	型号	规格	计量单位	7月价格/元	8月价格/元	权重/%
食品								51
	粮食							35
		细粮						65
			面粉	标准	千克	9.6	10.08	40
			大米	粳米	千克	7.0	7.42	60
		粗粮				5.2	5.8	35
	副食品					4.5	5	45
	烟酒茶					256	288	11
	其他食品					24	27	9
日用品类						200	210	20
衣着						300	320	11
家庭设备用品及维修服务						2000	2100	5
医疗保健和个人用品						800	830	2
交通和通信						150	148	6
娱乐教育文化用品和服务						186	190	2
居住						16000	15800	3

利用 Excel 计算 CPI 的基本操作步骤如下。

S1：输入基础数据信息，如图 7.13 所示。

	A	B	C	D	E	F	G	H	I
1	商品大类	中类	小类	型号	规格	计量单位	7月价格	8月价格	权重%
2	食品								51
3		粮食							35
4			细粮						65
5				面粉	标准	千克	9.6	10.08	40
6				大米	粳米	千克	7	7.42	60
7			粗粮				5.2	5.8	35
8		副食品					4.5	5	45
9		烟酒茶					256	288	11
10		其他食品					24	27	9
11	日用品类						200	210	20
12	衣着						300	320	11
13	家庭设备用品及维修服务						2000	2100	5
14	医疗保健和个人用品						800	830	2
15	交通和通信						150	148	6
16	娱乐教育文化用品和服务						186	190	2
17	居住						16000	15800	3

图 7.13　输入基础数据

S2：计算个体指数，在 J5 单元格输入公式"=H5/G5"，填充 J5：J6 区域，如图 7.14 所示。

商品大类	中类	小类	型号	规格	计量单位	7月价格	8月价格	权重%	个体指数
食品								51	
	粮食							35	
		细粮						65	
			面粉	标准	千克	9.6	10.08	40	1.05
			大米	粳米	千克	7	7.42	60	1.06
		粗粮				5.2	5.8	35	
	副食品					4.5	5	45	
	烟酒茶					256	288	11	
	其他食品					24	27	9	
日用品类						200	210	20	
衣着						300	320	11	
家庭设备用品及维修服务						2000	2100	5	
医疗保健和个人用品						800	830	2	
交通和通信						150	148	6	
娱乐教育文化用品和服务						186	190	2	
居住						16000	15800	3	

图 7.14　计算个体指数

S3：计算小类指数，在单元格 K4 输入公式"=(J5*I5+J6*I6)/100"，因为粗粮没有更多基础数据，直接在 K7 单元格输入公式"=H7/G7"，如图 7.15 所示。

商品大类	中类	小类	型号	规格	计量单位	7月价格	8月价格	权重%	个体指数	小类指数
食品								51		
	粮食							35		
		细粮						65		1.056
			面粉	标准	千克	9.6	10.08	40	1.05	
			大米	粳米	千克	7	7.42	60	1.06	
		粗粮				5.2	5.8	35		1.11538
	副食品					4.5	5	45		
	烟酒茶					256	288	11		
	其他食品					24	27	9		
日用品类						200	210	20		
衣着						300	320	11		
家庭设备用品及维修服务						2000	2100	5		
医疗保健和个人用品						800	830	2		
交通和通信						150	148	6		
娱乐教育文化用品和服务						186	190	2		
居住						16000	15800	3		

图 7.15　小类指数计算

S4：计算中类指数，在单元格 L3 中输入公式"=(I4*K4+I7*K7)/100"，其余中类没有基础数据直接计算个体指数即可，如图 7.16 所示。

商品大类	中类	小类	型号	规格	计量单位	7月价格	8月价格	权重%	个体指数	小类指数	中类指数
食品								51			
	粮食							35			1.07678
		细粮						65		1.056	
			面粉	标准	千克	9.6	10.08	40	1.05		
			大米	粳米	千克	7	7.42	60	1.06		
		粗粮				5.2	5.8	35		1.11538	
	副食品					4.5	5	45			1.11111
	烟酒茶					256	288	11			1.125
	其他食品					24	27	9			1.125
日用品类						200	210	20			
衣着						300	320	11			
家庭设备用品及维修服务						2000	2100	5			
医疗保健和个人用品						800	830	2			
交通和通信						150	148	6			
娱乐教育文化用品和服务						186	190	2			
居住						16000	15800	3			

图 7.16　中类指数计算

S5：计算大类指数，在单元格 M2 中输入公式："=(I3 ∗ L3+I8 ∗ L8+I9 ∗ L9+I10 ∗ L10)/100"，其余大类没有基础数据，直接计算个体指数即可，如图 7.17 所示。

图 7.17　大类指数计算

S6：计算总指数，在 N2 单元格输入公式"=(I2 ∗ M2)/100"，填充 N2：N17 区域，计算每个大类的指数和权重乘积，最后求累计和，即总指数，如图 7.18 所示。

图 7.18　总指数计算

7.3.2　股票指数的计算

股票指数是反映不同时点上股价变动情况的相对指标。通常是将报告期的股票价格与定的基期价格相比，并将两者的比值乘以基期的指数值，即为该报告期的股票指数。关于股票指数的计算，常用的方法有相对法、综合法、加权法。

相对法又称平均法，是股票指数的常用计算方法之一。先计算各样本股票指数，再加总求总的算术平均数。相对法指数的计算公式为

$$股票指数 = \frac{n \text{ 个样本股票指数之和}}{n}$$

综合法是先将样本股票的基期和报告期价格分别加总，然后相比求出股票指数。综合法指数的计算公式为

$$股票指数 = \frac{报告期股价之和}{基期股价之和}$$

从平均法和综合法计算股票指数来看，两者都未考虑到由各种采样股票的发行量和交易量的不相同，而对整个股市股价的影响不一样等因素，因此，计算出来的指数不够准确。为使股票指数计算精确，则需要加入权数，这个权数可以是交易量，也可以是发行量。

加权法根据各期样本股票的相对重要性予以加权，其权数可以是成交股数、股票发行量、股票总价值等。按时间划分，权数可以分为基期权数和报告期权数。以基期成交股数（或发行量）为权数的指数称为拉斯拜尔指数；以报告期成交股数（或发行量）为权数的指数称为派许指数。目前，世界上大多数股票指数都是派许指数。

下面以上证股票指数为例，介绍股票指数的编制方法。

"上证指数"是上海证券综合指数的简称，也叫作上证综指，最早在 1991 年 7 月 15 日正式发布。上证指数的样本股是在上海证券交易所发行的上市股票，用于反映上海证券交易所上市股票价格的变动情况，股票包括 A 股和 B 股。1990—2010 年的 20 年时间里，上海证券交易所从最开始的 8 只股票和 22 只债券，已然发展成影响力较大的股票市场。自那时起，上海证券交易所就初步形成了多层次蓝筹股市场，成为全球增长最快的新兴证券市场。为了更好更高效地适应上海证券市场的发展格局，在接下来的时间，逐步形成了以上证综指、上证 50、上证 180 等指数以及上证国债、企业债和上证基金指数为核心的上证指数体系，科学地证明了上海证券市场具有层次丰富、行业广泛、品种拓展的特点。正是因为这些特点，方便了投资者的多维度分析，提高了样本企业知名度，在此基础上引导市场资金的合理配置。

上证指数系列一般采用的计算方法是派许加权综合价格指数公式。具体有以下三种情况：

（1）以上证基金指数为例，具体计算公式为

报告期指数 =（报告期基金的总市值/基期）× 1000

其中，总市值 = Σ（市价×发行份额）。

（2）以成分股为例（比如上证 180 指数、上证 50 指数），具体计算公式为

报告期指数 =（报告期样本股的调整市值/基期）×1000

其中，调整市值 =Σ（股价×调整股本数）。

（3）以上证综合指数为例，具体计算公式为

报告期指数 =（报告期成分股的总市值/基期）×基期指数

其中，总市值 = Σ（股价×发行股数）。

▶▶ 参考文献

[1] 贾俊平, 何晓群, 金勇进. 统计学 [M]. 北京: 中国人民大学出版社, 2018.

[2] 费宇. 统计学实验-SPSS 和 R 软件应用与实例 [M]. 北京: 高等教育出版社, 2023.

[3] 袁卫, 庞皓, 贾俊平, 等. 统计学 [M]. 5 版. 北京: 高等教育出版社, 2019.

[4] 李康荣, 陈晓红, 张谦, 等. 统计学学习指导与练习 [M]. 成都: 西南财经大学出版社, 2023.

[5] 于洪彦, 朱辉煌, 申文果. Excel 统计分析与决策 [M]. 3 版. 北京: 高等教育出版社, 2021.

[6] 喻竹, 孙一玲, 孔祥威, 等. Excel 在会计中的应用 [M]. 北京: 高等教育出版社, 2017.

[7] 张著, 陈杰, 史召锋, 等. Excel 统计分析与应用教程 [M]. 2 版. 北京: 清华大学出版社, 2022.

[8] 王国平. 动手学 Excel 数据分析与可视化 [M]. 北京: 清华大学出版社, 2022.